日本仏教を問う
宗学のこれから

智山勧学会 編
元山公寿 監修

春秋社

はじめに

本書は、大正大学、及び真言宗智山派の研究機関である智山伝法院において、長年にわたり後進の指導にあたり、智山勧学会の理事長を務めておられた廣澤隆之先生が、古稀を迎えられたことをうけ、その功績を顕彰するために企画されたものである。通常、古稀記念としては、先生の学恩に与ったものたちで、記念論集を献呈することが慣例となっている。智山勧学会でも、これまで、諸先生たちの古稀記念論集を刊行し、献呈してきた経緯がある。しかし、今回は、廣澤先生から、従来の形で記念論集を出すより、若手の研究者たちで、宗学を論じ合うようなものにしてほしいとの意向により、このような形で出版することとなった。

これは、廣澤先生が、日頃から、さまざまな場面で、いろいろな形で、近代仏教学の功罪を問うてきたことに由来している。先生は、近代仏教学が、呪術や祖先崇拝、死者儀礼といった非合理なものを排除し、西洋に始まった文献史学的な手法を用い、仏教を歴史の中に還元しようとしていると批判してきた。この批判は、智山伝法院で行われてきたシンポジウムをもとに、平成二十六年に出版された『近代仏教を問う』（智山伝法院編、春秋社）という形で世に問われた。

その中で、先生は、近代仏教学が、伝統的に聖教とされる経典や祖師たちの論書を、一般的なテキストと同様に文献批判の対象として扱い、日本仏教で伝統的に理解されてきたものとは異なる仏教思想ならびに仏教思想史を導入していると指摘する。その上で、近代仏教学は、啓蒙的であり、歴史に思想を還元する歴史主義的であって、仏教を真理探究と結びつけた「哲学者の宗教」に貶めてきたと批判する。

しかし、仏教は、けっして、このような真理を探究するような「哲学者の宗教」ではないという。このような仏教理解は、近代的偏見にすぎず、こうした近代主義的仏教学から仏教思想を解放しなければならないといって、近代仏教学からの脱却を求めている。その上で、日本の仏教を支えてきた伝統教団は、このような実証される歴史事象として仏教思想史を再構成する理解とは、決定的に異なった仏教理解をしてきたと主張する。それが、知的な理解だけではなく、「修して知る」という「行」を通して体感される仏教である。その理解には、近代仏教学が排除してきたアニミズムや呪術といった非合理なものも含まれている。しかも、この「修して知る」ことは、伝統教団の中にこそ、求められるべきであるという。なぜなら、伝統教団では、たとえ形骸化していたとしても、外部からはうかがい知れない仏陀との交わりが濃密だからである。そこにこそ、宗学を問い直す意味がある。

日本の仏教は、宗派仏教ともいわれるように、それぞれの宗派で維持され、培われてきたという特徴がある。その中では、それぞれの宗派の祖師の教えを学び、その教えに基づいて実践することで、いわば祖師の目を通して仏教を理解しようとしてきた営為がある。こうした努力によって日本仏教が形作られてきたということができる。いいかえれば、それぞれの宗派で、祖師の教えを「修して知」ろうとしてきた総体が日本仏教であるといっても過言ではないであろう。そこには、祖師の教えを信に基づいて受け止め、それを実践し、体感して、教理化してきた信仰の総体がある。この、それぞれの宗派で、祖師の教えを「修して知」ろうとしてきた仏教理解こそが、いわゆる宗学であるといえるであろう。したがって、宗学を問うということは、ひいては日本仏教を問うことになる。これが、本書のタイトルを『日本仏教を問う』とした由縁である。

しかし、宗学を問うということは、たんに近代仏教学を批判し、宗学を礼讃することではない。廣澤先生も、江戸期の宗学を評して、他者への説明を必要とすることなく、教団内部で自己完結的に教理を探究していたと批判する。もちろん、その中には、行を介在とした知の探究があったであろうが、こうした探究は、ややもすれば、自己満足に陥りやすい。近代仏教学の批判をしている先生も、その功の部分として、仏教を教団内部の閉鎖的な場から、共通の場に開いたことを評価する。しかし、このことが、逆に宗学を大きく変容させた。

宗学が、檀林などの僧堂教育の場を離れ、大学や研究所などで探究され、教えられるようになったことで、宗学も近代的な「学」へと変容した。近代的な「学」の場では、文献批判を含んで、祖師の教えさえも批判的に探究される。しかも、そこで学ばれる仏教は、近代仏教学によって描き出された原典研究に基づいて歴史的に実証された仏教である。そこには、かつての「修して知る」ような知のあり方は見られない。宗学が探究しようとしている祖師も、真理を探究した哲学者になり、宗学が描き出そうとしている仏教も、真理を探究する「哲学者の宗教」になっていないだろうか。

だからといって、近代仏教学の成果を無視して、かつての宗学に戻れといっているわけではない。われわれは、すでに近代的な教育を受け、近代的な知の枠組みの中で生きている。もはや、われわれは近代と他者的に対峙した形で、かつてのような「修して知る」知を探究することはできない。廣澤先生も、現代の宗学を評して、伝統的な宗学は近代を直視しない傾向があり、近代仏教学との距離を意識しつつ問うべき宗学が成熟していないという。宗学は、近代仏教学の成果を受け入れつつ、それを批判していくことで、思想的立場の違いを意識し、近代仏教学が排除してきたアニミズムや呪術などの非合理なものを取り込んだ「修して知る」知のあり方の新たな地平を切り開くべきであろう。そこにこそ、宗学を問い直し、日本仏教を問う意味があるであろう。

しかし、本書の中でも、宗学のとらえ方はかならずしも一様ではない。宗学が近代仏教学の影響のもとに、各宗の教理を対象とするものとして形成された近代的なものと見る視点もある。たしかに、宗学という用語は、近代になって使われるようになったものであろう。近代的な「学」として見れば、宗学は、大学などの研究機関で研究され、学ばれるようになったことで、近代仏教学の枠の中にあることは否定できない。しかし、日本仏教のそれぞれの宗派では、前述したような「修して知る」知を模索して、伝統的に、それぞれの教理学を作り上げてきた。こうした営為は、近代的な「学」とは異なった知を探究していた。それが信と行を通して探究された知である。こうした祖師たちの伝統は、わずかではあるかもしれないが、各宗の中に息づいている。それを無視して、宗学を問い直すことは不可能であろう。なぜなら、こうした伝統的な宗学と、近代になって形成された宗学との差異を認識していくことが、近代仏教学との違いを意識して、宗学の新たな地平を切り開くことになるからである。

こうした視点から、本書を作成するために、私と阿部貴子氏、及びコーディネーターとして協力を要請した三浦周氏とで、廣澤先生と相談の上、企画を練り、各宗の若手の研究者に呼びかけた。この呼びかけに真宗大谷派の藤原智氏、日蓮宗の武田悟一氏、浄土宗の柴田泰山氏、天台宗の神達知純氏、中川仁喜氏、真言宗智山派の山本匠一郎氏、佐々木大樹氏の各氏が応じてくれた。これらのメンバーで、二度にわたって研究会を開き、その成果をシンポジウムという形で公開した。その経緯の詳細について、ここで述べることはやめておくが、二度目の研究会は五時間にも及んで、活溌な議論が交わされた。こうした議論を踏まえてシンポジウムを開催したが、それにあたって、宗学のこれからを考えるため、一つの視点として取り上げたのが、近代仏教学の成果でもあるSAT大蔵経テキストデータベースに見られるデジタル・ヒューマニティーズの問題である。

SAT大蔵経テキストデータベースのプロジェクトは、このデジタル・ヒューマニティーズの最先端の研究事例として評価されている。その中では、大正新脩大蔵経をデジタル化するだけでなく、英訳やサンスクリット、チベット語との照合もされるなど、仏教学の世界にとどまらず、門戸が大きく拡げられ、人文系をはじめとした世界中のすべての人に利用されやすいものとなっている。そのため、このプロジェクトは、近代仏教学の成果ではあるが、近代仏教学の枠を超え、広く学際的な研究を生み出し、仏教学の新たな地平を切り開く可能性を秘めている。いや、その動きは、すでに始まっているといっていいだろう。このように仏教学が変わりつつある時に、宗学はどうあるべきなのであろうか。本書に寄せられた論考は、このような視点から、それぞれの立場で、宗学のこれからを提示し、日本仏教の未来への示唆を与えている。

まず、三浦氏は、宗門に所属していない仏教研究者という立場から、専門としている近代の大学における仏教教育という問題を通して、宗学を問い直す視点を提示している。神達氏は、現代の宗学で捨象されているものとして宗教的体験を挙げ、その視点から、天台宗の宗学の可能性を論じている。佐々木氏は、真言宗の伝統的な宗学と、近代の宗学との違いを明かし、その接点として「経軌為本」を挙げ、宗学と近代仏教学の融合を模索している。同じく真言宗智山派の山本氏は、伝統的な宗学の学び方である素読や訓読から宗学を論じている。藤原氏は、真宗大谷派における宗学と真宗学の問題から、固定化された宗学から開かれた宗学の可能性について論じている。武田氏は、浅井要麟の宗学論から、日蓮宗の宗学にとって基本となる日蓮遺文の取り扱いについて論じている。中川氏は、専門の歴史学の立場から、天台宗の宗学を考える上で、これまで顧みられてこなかった江戸期の史料にみられるテキストへの書き入れの重要性を指摘している。最後に柴田氏は、浄土宗の宗学に留まらず、広く日本仏教を視野に入れて、これからの宗学について論じている。

これらの論考を一読していただいた上で、東京大学の下田正弘先生、曹洞宗の藤田一照先生、及び廣澤先生に、それぞれの立場から論考を寄せていただいた。まず、下田先生には、仏教学研究を代表し、ＳＡＴ大蔵経テキストデータベースのプロジェクトを牽引してきた立場から、デジタル・ヒューマニティーズを踏まえて、宗学について論じていただいた。藤田先生には、坐禅を研究し、指導している立場から、宗学にとって重要な現代における修行・体験の視点を通して、宗学について論じていただいた。最後に廣澤先生には、これまでの近代仏教学批判をもとに、宗学のこれからを総括していただいた。

本書のような形で、宗派の枠を超え、各宗の研究者が、それぞれの立場から、宗学について議論したことは今までなかったのではないだろうか。また、日本仏教を支えてきた各宗の宗学を通して、日本仏教を問い直そうとした試みも、初めてであろう。もちろん、本書の中で、宗学の課題がすべて明らかになったわけではない。まして、日本仏教のこれからが論じ尽くされているわけでもない。本書の中で論じられたものは、そうした試みの一部にすぎないであろう。しかし、本書を通して、宗学のこれからの課題の一端が明らかとなり、日本仏教のこれからの展望が、わずかではあろうが、はっきりとしてきたのではないだろうか。本書の出版を契機に、宗学についての議論が活性化し、日本仏教の新たな展望が開かれることを望んでやまない。

智山勧学会　理事長　元山公寿記

日本仏教を問う　宗学のこれから

目次

第一部

第二部

日本仏教を問う　宗学のこれから

第一部

「宗学」再考に関する試論

三浦　周

一　はじめに

本稿を試論とするのは、ひとえに筆者が教団に所属する研究者ではないため本源的な動機を欠くことによる。立場上、愛宗の念はもち得ないが宗門系大学に所属する研究者として「宗学」再考という問題に取り組みたい。冒頭より言い訳じみたが、これには「宗学」を考える際に鍵となるであろう教団と大学を対比的に示す意図もある。まず、この二者について管轄という点からみていこう。

二　「宗学」はなにに管轄されるのか

一般的に管轄とは、権限による支配、その範囲を示す語である。「宗学」はなんらかの権限による支配をうけているだろうか。

日本国憲法第二十三条には「学問の自由は、これを保障する」とある。原則的に、学問としての「宗学」はなんらかによって支配され得ず自由である（あるいは、あるべきである）。ただ「宗学」を問わず、すべての学問において、悪い意味において社会通念からおおきく逸脱する行為を学問の自由によって許容すべきでないのは自明である。ここにおいて、自由である学問に対する規制のあり方としては自律が求められる。それゆえの研究倫理であり、大学の自治であろう。

とくに後者は法学におけるいわゆる部分社会論によって、「特殊な部分社会」である大学において「一般市民法秩序と直接の関係を有しない内部的な問題」は「司法審査の対象から除かれるべきもの」とされる（富山大学単位不認定事件）。この部分社会とは全体社会を構成する一要素であり、国民社会を全体社会とすれば、たとえば政党・会社などが部分社会に相当する。

「宗学」を考える際に注意すべきは、この内部問題に司法審査が及ばないとされる特殊な部分社会に教団が含まれている点である。「教義をめぐる対立や宗教的信念の争いに基づく抗争など、紛争の核心がすぐれて宗教的な争いである場合は、あたかも学問上の見解の対立や政治的論争に関する場合と同じく、法的規制に親しみがたく、裁判所の法律による判断は何ら終局的解決をもたらすものではない」（板まんだら事件）。この判例は「信教の自由」（日本国憲法第二十条）にもとづき、争点が教義や宗教的信念にある場合は法律では裁けないことを示している。その解決は、あくまで特殊な部分社会、その内部における規律によらねばならない。

では、ここでいわれる教義や宗教的信念を担保するものはなにか。これは当然「宗学」に求められる。だが、さきの判例では「教義をめぐる対立や宗教的信念の争い」と「学問上の見解の対立や政治的論争」が対比され「あたかも」と接続されている。これは法学、ひいては全体社会から、教義や宗教的信念、つまり「宗学」が学問とは似て非なるものと理解されていることを示しはしないだろうか。そうであれば、「宗学」は教団の内部規律、いわゆる宗憲宗規によって管轄されるべきものといえよう。実際、各教団の宗務庁（包括宗教法人の宗務・事務執行機関）には教学・教務・学務等を冠する部局がある。ここが「宗学」を所管していると理解できる。

しかし、おなじく特殊な部分社会とされる大学（ここでは宗門系大学）にも「宗学」は存在する。これを仏教学との対比においてみてみよう。宗門系大学の公式サイト（二〇一七年現在）を眺めると龍谷大学・大谷大学・駒澤大学では仏教学科に先行して真宗学科・禅学科が位置している。高野山大学には仏教学科はなく密教学科／密教学領域がある。逆に花園大学は仏教学科のみだが、その特徴に「次代を担う宗門人の育成」を掲げている。大正大学・佛教大学には仏教学科内に宗学コース／浄土・仏教コースがそれぞれ設けられている。立正大学では仏教学科につづいて宗学科が位置している。それぞれ位置づけは異なるが宗門系大学には学問としての「宗学」が存在する。ただし、学科・コースである以上、これは各大学の内部規律＝大学規程によって管轄されているものだと理解できる。

ここで問題とすべきは、「宗学」が法の及ばない特殊な部分社会であるところの教団と大学、ふたつにまたがる点であろう。教団所管の「宗学」、大学所管の「宗学」、これに異同はあるのか。おなじであれば、双方の管轄が重複し、かつ教団と大学が矛盾した際、「宗学」はどうあらねばならぬかという単純な疑問がある。これは思想問題（教義解釈の是非）、あるいは大学における人事権に関する問題としてあらわれるだろう。教団と大学の内部規律の精査による「宗学」の定位は他日を期すとして、ここでは「宗学」を管轄するのは教団・大学のいずれであるかという問題を提示しておきたい。

三　「宗学」再考へのひとつの視座

さて、「宗学」再考といった宗学論が語られる際、俎上にのせられるのはおもに思想（教義解釈）である。これに異を唱えるわけではないが、「宗学」、ひいては日本仏教の持続可能性を考慮するならば、そのインフラストラクチャーにはより多くの注意がはらわれてよい。なぜなら近代における教団の機構は国民国家の雛型だからである。

近代国家を構成する「国民」の創出は国語によってなされ、その場として「学校」があるのは論を俟たない。この国家―学校―国民というモデルを仏教に置き換えれば、教団―学校―檀信徒となるだろう。教化の場としての学校である。ただし谷川穣は、「僧侶による俗人教育」は「教育勅語の制定から「教育と宗教の衝突」論争に至る時期」（一八九〇年代）には下火となり、のみならず、仏教界が「宗教教育」「教育の場での仏教の役割」という新たな問題に思いを致さず、あるいは問題を「慈善」に収斂し定型的な排耶に則したことで、結果的に「学校教育における「非宗教」性の形成」を後押ししたと指摘する（谷川、二〇〇八）。では、教団が学校になにを望んだかといえば、それは僧侶（宗門子弟）養成であった。これは各教団がその宗憲宗規において僧侶・教師（檀信徒の指導者の謂）の資格付与に学校での修学を定めている点からも窺える（三浦、二〇一四）。

学校での僧侶養成において「宗学」と対置されるのは「普通学」である。これは現在でいうところの一般教養科目と考えてよい。宗門立の学校における普通学の需要は、一般教化を念頭においた僧侶の教養獲得にある。いま一歩解釈を推し進めれば、明治期においてなお隠然とあった儒学的規範（方外の徒、非社会的存在としての僧侶）からの脱却、つまり、僧侶の社会化である。言い換えれば、僧侶を僧侶たらしめる「宗学」と僧侶を国民たらしめる普通学、これらによって養成されるのが指導者としての僧侶であり、その場が宗門立の学校となる。

僧侶養成における普通学の導入について、真言教団の例を示した阿部貴子は、それを一八九〇年代とし「他宗に比べて大きく遅れている」と指摘する（阿部、二〇一四）。だが、前出のとおり、この時期に教団における学校の意義は教化から僧侶養成へと変遷している。また、一八八九年に改正された徴兵令では在学者への特典として「本人ノ願ニ依リ満二十六歳迄徴集ヲ猶予ス」と定め、対象となる学校を「官立学校」「府県立師範学校中学校」と「文部大臣ニ於テ中学校ノ学科程度ト同等以上ト認メタル学校」としている。江島尚俊はこの特典がない学校では「入学者激減や転出者が相次い」だとし、それゆえ宗門立の学校も「学科内容を中等学校同等以上に整備し、認可申請を行った」と指摘する（江島、二〇一四）。ここでいう「中学校ノ学科程度ト同等以上」を担保するのが普通学である。これらからすれば、真言教団が一八九〇年代に普通学の導入をはかったのは時宜に適っている。

宗学論に際して、宗門立の学校における普通学の導入やこれに関する教団内の議論をとりあげる阿部論文は従来にない視点を提示している。だが、江島論文は宗学論が語られるべき領域がもはや教団史・大学史、あるいはその比較にとどまらないことを示唆している。

たとえば、龍渓章雄は一八九〇年代後半から一九〇〇年代前半の西本願寺教団の学制改革、とくに「高輪仏教大学廃止問題」について『教学私見』といった資料を用いて詳述している。ここでは教学縮小路線をとる教団に対し、学校教員を主体とした反対運動がおこり「教学の拡張」「世間学（普通学）の必要」が主張されたという。そして、この問題には、教団による大学の廃止は近代化を阻害するものであったが反対運動の理念は後の教学や大学制度に引き継がれたという「一定の評価」がくだされているとする（龍渓、二〇〇五）。だが、龍渓論文には一八九九年の私立学校令・文部省訓令第十二号（宗教教育の禁止）への言及がない。江島によれば、宗門立の教育施設が学校なのか教団の一部なのかを線引きする法的根拠が前出の勅令・訓令であり、学校であれば文部省所轄、教団の一部であれば内務省所轄になったという（江島、二〇一六）。ここにも学校であれば中等教員無試験検定という特典がある。これを踏まえ、はたして学校は僧侶養成の場として相応しいのかという観点から「高輪仏教大学廃止問題」をみれば「一定の評価」に再考の余地がでてくるのではないだろうか。

明治以来、ほとんどの教団が学校を設立しているが、当初の形態を維持している組織はひとつもない。これは、固有の事情もあるだろうが、教団が僧侶養成の場を学校と定めたことにより国家行政に準拠して組織の改廃をおこなわざるを得なかったことを意味する。すなわち、「宗学」を考えるには、教団・大学に加え「国家」（あるいは「社会」や「公共性」）といった視座が必要不可欠であることを示している。これに留意して、近代国民国家における大学と宗教の関係を共時的に捉えるならば、「宗学」を世界史的視点から定位することも可能だろう。

四　学問としての「宗学」とその問題点

教団が国家行政に則ることにより、言い換えれば「宗学」が大学（学校）で教授されることにより、「宗学」は学問となった。近代において、国家はキリスト教を念頭におき大学（学校）が布教の場となるのを危惧し、これを禁じている。つまり、大学（各種学校や専門学校を含むが、以下、大学とする）という場を選択する限りにおいて教義や宗教的信念はあくまで学問として扱わなくてはならなかった。哲学・思想として「宗学」が語られるのは、これを淵源とする。

この大学での教授にあたって「宗学」自身も変容する（三浦、二〇一四）。まず「歴史」という方法論の導入である。内学・外学の別をいえば、これは外学に相当する。たとえ教団史であっても外学であり、その外学によって自己を再構成する点に「宗学」の変容が認められる。つぎに「教科書」の使用である。教科書とは、宗典等に直接あたるのではなく、大学の規程（講義時間・回数）のなかでいかに効率的にその概要を教授できるか、つまり学習のコンパクト化を目的として編纂されたものといえる。「宗学」合理化の象徴といえるだろう。つづいて「単位制」である。明治初期における仏教は通仏教を旨とし、ゆえにその学びは八宗兼学を理想としていた（こころみに国立国会図書館サーチで「八宗綱要《はっしゅうこうよう》」を検索したところ百九十四件の本がヒットしたが、その約半数は十九世紀に刊行されている）。これは各宗門系大学のカリキュラム上、余乗（自宗派以外の「宗学」）科目としてあらわれる。だが、先述した「歴史」という方法論によって細分化した宗乗（自宗派の「宗学」）科目および普通学の科目、これらの履修によって卒業単位はほぼ足りてしまう。言い換えれば、大学制度は八宗兼学を担保しない。以上からすれば、「宗学」は自宗の歴史と思想に特化された学問に変容したといえる。

一学問領域としての限定は、その研究に深化をもたらす。ここにおいて「宗学」は純化されたともいえるだろう。だが、その反面において、「宗学」では高度に専門化された用語が駆使され、これは他領域との研究成果の共有を困難にした。いわゆる研究のタコツボ化である。これは「宗学」に限った問題ではないが、各「宗学」間においてさえ共有され得ない専門分化はもはや害悪である。あるいは自家のルールを共有しない限りアクセスを拒否するといった排他的態度が「宗学」を見えづらくする原因であろう。結果として哲学＞インド学＞仏教学＞宗学というツリー構造でいえば下層に定位されることになる。

つづけて「宗学」の教育・学習に目をむけたい。ここで注目するのは「語学」である。仏教学の場合であれば、これはサンスクリット語・パーリ語・チベット語を基本とするだろう。一方、「宗学」が自宗の歴史と思想に特化された学問であれば、これは古典中国語と古典日本語を基本とするはずである。

宗門系大学のカリキュラムにおいてサンスクリット語等は語学として必修あるいは選択必修の科目とされることが多い。では、古典中国語・古典日本語はどうか。古典日本語についてはまず科目すらない。古典中国語は「仏教漢文」といった科目として教育・学習されている例もあるだろうが語学の科目ではない。これらの教育・学習は「宗典演習」といった科目で充当されるのが通例であろう。さらに、ここでは語学トレーニングではなく思想内容の理解が重視される。これはサンスクリット語等と比べれば漢文・古文のほうが読めるはずという希望的観測にもとづいてはいないだろうか。先学の漢学の素養に鑑みれば、それは幻想である。かさねて、高大接続教育が叫ばれて久しいが、中等教育で漢文・古文を選択していない学生を考慮し「わかりやすさ」という観点から教育・学習の質を低下させてはいないだろうか。

こうした問題は各宗門系大学において、より現状に即して、より切実に議論されているはずである。そうした良識を疑おうとは思わない。だが、「宗学」が近代仏教学と対置される伝統教学と「なんとなく」定義されているのであれば、その伝統は多く見積もってもここ百五十年に過ぎず、また「宗学」が学問であるならば、その研究・教育・学習には方法論的・制度的な瑕疵があると指摘せざるを得ない。

なによりも、学問としての「宗学」の問題点は身体性の欠如にある。解（あたまでわかる）と行（からだでわかる）を兼備するのが仏教の伝統的な学びではなかっただろうか。戦前の宗門系大学のカリキュラムには「体操」（戦時に限定すれば教練や武道）という科目が散見される。行をたんなる身体トレーニングとするわけにはいかないであろうが、身体性に着目した行学としての理論構築は可能だったのではないだろうか。これがなされないのは教育における宗教性の排除といった国家による行政指導もさることながら、近代的な理性の尊重というテーマを目前にした一方の解学がみずからを学問として定位することに拘泥するあまり、やみくもに非合理性を捨象し、たとえば神秘体験時における感情の言語化といった還元の可能性を閉じていたことによるのではないだろうか。

さて、学問としての「宗学」の問題には、前述したような「宗学」が学問として適切かという問題とは別に、「宗学」が学問であることから派生する問題がある。「宗学」は学問として深化・純化するにつれ、非合理性の捨象をもって「信仰」と乖離する。これが教団に所属する研究者（あるいは宗門系大学における「宗学」の教員）のこころの問題であれば相反するふたつが相反するまま同時に存在することもあるだろう。だが、教団が大学に求めたのは僧侶養成であり、これは制度の問題としてである。教団と大学の齟齬、信仰と学問の乖離、つまり、教・学の不一致という問題である。

ただし、この問題は戦前の一時期において解決している。これを可能としたのが総力戦体制である。ここでは教団・大学ともに資源とされ国家の目的遂行のため動員される。つまり、教団・大学がより上位にある国家という制度のもとで同じ方向（聖徳太子を媒介とした「天皇」）をむいたことにより、教・学の不一致という問題は解決されたのである。このとき大学では教学一如が叫ばれ、学問とは信仰の発露であり実生活に即したものでなければならないと主張された（三浦、二〇一七）。いわば実学としての仏教である。ここで信仰・学問を両立する僧侶が養成されるならば、これは寺院に役立つ仏教であり、同時に、「宗学」・普通学によって裏うちされた指導者としての僧侶が養成されるならば、これは国家に役立つ仏教でもある。そして、これこそが皇道仏教・戦時教学といわれるものではないだろうか。

皇道仏教・戦時教学というと無条件に批判の対象となるが、明治期以来、行は「実践」と読み替えられ、さらにこの実践は「僧侶の社会参加」と置換されてきた。この僧侶の社会的実践が名実ともに完成するのが総力戦体制下であり、これを担保したのが皇道仏教・戦時教学である。僧侶の社会的言動のすべてを否定するわけではないが、その行＝社会的実践を還元し、社会思想と対峙させ、「宗学」のうちに体系づけるといった努力が払われてこなかった以上、皇道仏教・戦時教学は本来の仏教・「宗学」ではないといった批判はあたらない。もし、これらが本来の仏教・「宗学」でないのなら、僧侶の社会的実践、あるいは現在盛んに叫ばれる「仏教の社会貢献」もまた本来の仏教・「宗学」ではあり得ない。皇道を翼賛する仏教と社会に貢献する仏教は等価である。

このようにみると学問としての「宗学」の問題は、総じて外的要因によってもたらされたように思える。主体性なく時流に乗じ国家に迎合したというのは主に日本キリスト教史にみられる仏教批判の一典型であり、事実をついてもいるが、仏教には隠された主体的動機がある。それは「護法」である。

これは一八六八年、各教団の有志によって結成された諸宗同徳会盟、ここで掲げられた八ヶ条の課題に端的にあらわれる。

一、王法仏法不離之論　二、邪教研窮毀斥之論　三、三道鼎立練磨之論
四、自宗教書研覈之論　五、自宗旧弊一洗之論　六、新規学校営繕之論
七、宗々人材登傭之論　八、諸州民間教諭之論

近代における仏教の諸活動はすべてこの課題の実現であるといっても過言ではない（「宗学」は四、六、七に相当する）。個々の事象のみを追えば主体性なき国家迎合に映るだろうが、それらはすべて護法から演繹され得る。

そして、この護法ですら神儒基による近世排仏論への応答としてである。たとえば、僧侶遊民論

に対する僧侶の社会的実践、聖徳太子の顕彰、そして仏典剽窃論・大乗非仏説論に対する「宗学」・仏教学である。ここには仏教の日本化、あるいは日本仏教とはなにかといったおおきな命題が存在する。「宗学」の問題もまたこれに紐づけられるが、歴史という方法論に限定したとしても近世排仏論から近代の護法へと通時的にみることでその位相は明確化する。

では、なぜ護法は隠されるのか。戦後の日本仏教史・教団史において、護法は明治初期の仏教にみられる特質と限定され、さらに近代化の阻害要因と評価される。つまり、これらは感情的な護法を克服して理性的な仏教が構築されたと自身のビルドゥングスロマンを描くのである。しかし、これは護法が総力戦体制下において仏教国益論として展開し、皇道仏教・戦時教学を準備したため、そうした直近の過去を反省するためにおこなわれた過去改変だと理解できる。これをうけ、学問としての「宗学」が外学である歴史という方法論をとるのであれば、その恣意性に留意したみずからの学説の再検証が必要になるのではないだろうか。

五 「宗学」再考への展望

教団の「主体性なき迎合」が実は「したたかな生存戦略」であるとしたら、国家・社会の状況如何によっては、大学ですらなかったものとされるだろう。宗門系大学が教団のインフラストラクチャーであるためには、あるいは教団とは無関係に公共の福祉に寄与するには、「宗学」自身がその価値を高めねばならない。かつての近代的方法論の導入もこうした点から眺めるならば英断であったといえよう。だが、現在の「宗学」は聖書学に比すれば批判精神に欠け、神学に比すれば護教に満たず、一般教養というには特殊すぎる中途半端な存在になっていないだろうか。

あえて言おう。宗学（仮）であると。これは「一人称で語られる自身が主役の物語」とたとえられる。やたら心理描写が細かく読者の共感を得られない（「自分語り乙」）。加えて「鬱展開注意」のタグがつく。そのわりにキャラ設定があまく読者から「✧:.☆ゆるふわ✧:.☆ぶっきょう:.♡」と揶揄され、しまいには「宗学（笑）オワコン」とつぶやかれる。もちろん、この（笑）は愍笑であるが「不憫萌え」すら喚起せず、まったく「ブヒれ」ないと酷評される。

なにを言っているのか不明だという指摘があるだろうが、宗学（仮）の言説もまた同程度には不明である。こうした排他性に起因する問題の解決策として「わかりやすさ」が挙がる。だが、これは教義を噛みくだいたやさしい説明ではなく、その思想（教義解釈）がどういった問題系に属するか、同問題における他思想のアプローチはどうあるか、その思想の独自性・限界性はどこにあるかなどによって演出されるべきではないだろうか。さきのたとえを踏まえれば「三人称で語られる自身が脇役の物語」である。当然、時代状況や問題の所在によって、その思想はあり方をかえる。そうであるからこそ、思想の典拠、宗典はそのまま保存されるのが望ましい。宗典は宗学（仮）の原点であろう。

このようにみたとき、近年の「SAT大蔵経テキストデータベース」の充実には最大の関心を寄せてよい。未見ということはないだろうが、年単位でアクセスしていないならば、すぐにでも閲覧してほしい。たんなる情報の集積ではないのが実感できるだろう。ここにあらわれる思想は「共同」「共有」である。

近世期における出版文化の爛熟は、僧侶によって専有されていた仏典を非僧侶（ここでは儒者・国学者）と共有させせた。結果的に近世排仏論が惹起されたが、これが護法―近代仏教を現出せしめたのは従前のとおりである。ここからすれば、その変容は「共有」を前提としている。では、排他的な専有が変化を生じさせないかといえばそうではない。ただし、ここにおける変化は専有する主体が描く自画像を客体にまで拡大して投影するかたちでなされる。

たとえば、インド学と比較言語学が同根であるのは論を俟たないが、これらが世界に提示した命題は「言語と人種」であり、それは結果として「戦争の世紀」を招来した。日本の宗学（仮）にまで敷衍された例でいえば、戦時下の伝道学（布教に関する知識・技術を体系化した学）は国語・標準語の習熟を骨子とした（三浦、二〇一七）。これは大東亜共栄圏での布教を念頭においたものであった。国民を創出する国語は本来的に排他性を有する。であるにもかかわらず、皇道仏教のアジア仏教に対する指導的地位が無条件に措定されるところに自画像の拡大投影をみることができるだろう。

こうしたインド学・仏教学が現在おこなうデジタル化プロジェクト、世界各地で展開するそれは「個別の歴史をかかえて固有な形態で遂行」されている。これらを「統合的に利用できる形態」として実現したのがSAT大蔵経テキストデータベースだとされる（大蔵経テキストデータベース委員会）。これがかつての「言語と人種」問題と決定的に異なるのは、その統合に際して「個々のプロジェクトの独立性」が尊重されるばかりでなく、各主体がその場自体を構築する「共同」にある。現状としては研究者コミュニティだが、これはベネディクト・アンダーソンがいう聖なる沈黙の言語―宗教共同体、つづく国語―国民国家を超えて、新たな「なにか」を準備する思想であろう。

このSAT大蔵経テキストデータベースと浄土宗全書テキストデータベース（浄全DB）の連携がなったことは記憶に新しい。宗学（仮）を再考するうえでもエポックとなるだろう。各教団も既に宗典のデジタル化や英訳をおこなっているので、早晩、連携がなされるであろうと期待している。

仏教界以外でも注目される両テキストデータベースの連携であるが、これを報じた『中外日報』をみると「今後、浄土宗の典籍類の閲覧が増加することが想定され、浄土学や法然教学の学術研究のさらなる進展に期待が集まる」（第二八三〇四号）とあった。同文は『中外日報』のWEB版にも掲載されている。

これは記者氏の所感ではなく関係者の発言の要約かもしれないが、「閲覧が増加する」はよいとして、それによる結果を「浄土学や法然教学の」としている点には違和感を覚える。閲覧の増加だけでは研究が進展しないのは当然として、閲覧者の研究内容をコントロールできないのもまた当然である。ここで進展するのは閲覧者の研究であり、それが宗学（仮）とは限らない。もちろん、関連研究の成果が還元されることで宗学（仮）が進展するとも解釈できるが、この記事の表現では閲覧者の研究によって宗学（仮）が進展するように読めてしまう。この場で宗学（仮）を主語とするのは前述した自画像の拡大投影の萌芽とみなせる。ミスリーディングではなく宗学（仮）の進展に「期待が集ま」っているならば問題である。

この連携の意義は、浄土宗に限らず現時点で排他的な各宗の宗学（仮）に、主導―追随ではなく「共同」によって形成される場における専有―自画像の拡大投影ではない「共有」による変容、これをもたらす可能性にある。

専有―自画像の拡大投影において変化するのは客体のみであり、これは教化といえなくもないが、むしろ帝国主義的拡張である。これに対し「共有」における変容とは、主体同士が影響を及ぼしあうことによっておこる双方の変化である。これはナショナリズムの対立という体験を経た後の新たな価値の模索でもある。ゆえに固定的な学問領域はゆるやかに解体されていくだろう。その過程に主体的に寄与することで、宗学（仮）は宗学（真）へ、さらにｘへと変容する。これが教団に属さない研究者が無責任に描く「宗学」再考への展望である。

六　おわりに

本稿は、筆者が宗門系大学における研究活動のなかで抱いた素朴な疑問をもとにしたため、非常に雑駁な議論に終始している。汗顔の至りというほど殊勝ではないので、今後もこの「宗学」再考という問題に携わることでご寛恕くだされたい。

最後に、学信《がくしん》（一七二二～一七八九）『蓮門興学篇《れんもんこうがくへん》』をうけた養鸕徹定《うがいてつじょう》（一八一四～一八九一）『続興学篇《ぞくこうがくへん》』の一節を掲げて擱筆する。「仏法ノ興廃ハ唯学業ノ一ツニ在リ」。

〈参考文献〉

大正新脩大蔵経テキストデータベース（http://21dzk.l.u-tokyo.ac.jp/SAT/）
阿部貴子「明治期真言宗の大学林教育―普通学導入をめぐる議論と実際」『近代日本の大学と宗教』法藏館、二〇一四年。
江島尚俊「近代日本の高等教育における教育と教化」『近代日本の大学と宗教』法藏館、二〇一四年。
――――「どこが宗教を所管するのか―宗教学校所轄問題から宗教行政所管論への展開―」『宗教研究』三八七号、二〇一六年。

龍溪章雄「「高輪仏教大学廃止反対運動」関係史料の再考――『教界時事』の史料的価値の再確認と反対運動の実態解明――」『真宗学』第一一一・一一二号、二〇〇五年。

谷川　穣『明治前期の教育・教化・仏教』思文閣出版、二〇〇八年。

三浦　周「「学習」される仏教――大正・昭和初期の宗門系大学におけるカリキュラムの変遷とその特質――」『近代日本の大学と宗教』法藏館、二〇一四年。

――「「社会」と対峙する仏教学――戦時下における大正大学を中心に――」『戦時日本の大学と宗教』法藏館、二〇一七年。

――「戦時下における伝道学と標準語――中野隆元を中心として――」『佛教文化学会紀要』第二六号、二〇一七年。

天台宗学における宗教的体験の位置

神達知純

一　はじめに

近代以降の仏教について、たとえばドナルド・ロペスはその特性を儀礼や呪術の否定、平等性、普遍性、個人性ということばによって語っている。これらは近代以前の仏教、つまり伝統仏教の儀礼や呪術の重視、階層性、地域性、地域コミュニティーという特性に相対するものである。本書がテーマとする宗学は伝統仏教にあたる訳だが、今日の宗学研究は伝統仏教を対象としつつも、近代仏教の方法論を随所に採用することによって成り立っていると考えられる。このように近代仏教の影響を受けることで、宗学の研究と教育に新境地が開かれたことも確かであろうが、反対に何かしらが捨象された可能性があることも考慮しなければならない。筆者はその一つに宗教的体験があるのではないかと考えている。天台宗の僧侶であり、天台宗の教学を主に専攻する立場から、天台大師智顗《ちぎ》の宗教的体験とその教学を例に挙げつつ論を進めていきたい。

二　天台教学の特性と近代仏教

近代以降における仏教学という新しい学問は天台宗にも影響を与えた。明治以降、天台宗においてもいくつかの動向があった。一九〇四（明治三七）年、天台宗東部大学黌《こう》は天台宗大学と改称し、この頃より時代に即応した入門書の刊行がなされるようになったのである。そのなかに一九一〇（明治四三）年に発行された天台宗務庁学務課編『教史綱要』がある。その劈頭は「源流」であり、「佛教以前の印度教」より説き起こされている。

釈尊を二千五百年前のインドに存在した人物として歴史に明確に位置付けることは近代以降の仏教学の〝常識〟であろう。『教史綱要』は天台宗史を描く際にそのことを意識しているのである。

一方で、一九三九（昭和一四）年に天台宗務庁より刊行された硲慈弘著『天台宗読本　宗史編』（後に大久保良順補注『天台宗史概説』として再刊）は第一章が「天台の開宗とその源流」であり、叙述は『教史綱要』と大きく異なる。こちらは歴史上の人物としての釈尊を描くことはなく、相承説を引くことで天台宗の源流を尋ね、釈尊と智顗が接続することを立証しようとするものである。相承説とは智顗説『摩訶止観』における金口相承と今師相承を指すのであり、仏陀の内証が龍樹を経由して智顗に伝わることを意味している。

このことは、近代仏教学からの影響云々ではなく、もとより天台宗が釈尊を中心に据えた仏教であることを示している。智顗の仏教には「教観双美」という賛辞があてられることがある。これは、智顗が教門（理論）と観門（実践）をともに重んじていたことを評価することばである。つとに指摘されるように、隋代の仏教はそれまでの風を反省し、綜合的な体系を有する新たな仏教を創造しようという気運があったという。智顗にも、釈尊以来のあらゆる教説や修行を統べようという確固たる意志があった訳である。智顗、そして天台宗が〝綜合仏教的〟と評される所以であり、その中心に釈尊を存するのである。

実際に智顗は、学問と修行のどちらかに偏るありかたを「文字の法師、暗証の禅師」と厳しく批判し、自らは両者を兼ね備えた仏教の完成を志したのであった。つまり「教観双美」とは智顗にとってたんに観念上の問題なのではなく、仏教者としての生き方に関わるテーマだったと言える。

その成果は『法華玄義』『法華文句』『摩訶止観』の天台三大部として後世に伝わるのであり、これらは智顗の教観二門の仏教を余すところなく説いた書として東アジア仏教に非常に大きな影響を与えた。現在でも天台宗の教学を学ぶ者にとって三大部が座右の書であることは言うまでもない。

しかし、このような三大部を中心とした文献研究は、宗学者を観念的な理解に導く可能性も懸念されるのである。言語・非言語という領域で区分すれば、教門（理論・学問・教学）は言語、観門（実践・修行・体験）は非言語を領域とするだろう。とくに今日の私たちは文字化されたテキストの中で智顗の仏教を探究する、つまり非言語領域にある実践や体験を言語として理解しようと試みる傾向にある。このことは、文献研究を主たる方法論とする近代仏教に、非言語的な宗教的体験、宗教的感情を捉える術が欠如していることを明らかにしている。ここで筆者は智顗の宗教的体験を二つとりあげつつ、それに関連して霊山同聴《りょうぜんどうちょう》の物語と『維摩経』の一音説法《いっとんせっぽう》に光を当てて論を進めることとする。

三　霊山同聴の物語

智顗の生涯において重要な宗教的体験といえば、大蘇開悟と華頂降魔の二があげられよう。大蘇開悟とは、智顗が大蘇山において南岳慧思《えし》の指導の下で『法華経』の修行に励み、二七日（つまり十四日）を経たところで法華三昧を発得し、初旋陀羅尼を得たという体験である。この体験には、慧思が智顗に語った霊山同聴という物語が伏線として存在する。五六〇年、二十三歳で智顗は大蘇山に住まう慧思の人格と徳行を聞き、覚悟をもって彼の地に赴き、慧思を頂拝した。『隋天台智者大師別伝』によれば、そのとき慧思は智顗に「昔、私とあなたは霊鷲山で共に『法華経』を聴いていた。これは宿縁の追う所だ。いままた来たのか」と述べたという。これこそが霊山同聴であり、智顗以上に慧思がその邂逅を喜んでいるようなエピソードである。

現実にはあり得ないような物語は、高僧たちの伝承には事欠かない。梁代の高僧にその例を見れば、法雲の下で学んでいた僧が、法雲と等しく智慧と理解を得たいと日夜発願していたところ、夢に僧が現れて、「法雲法師はかつて日月灯明仏だったときに、すでに『法華経』を講義しているから、どうしてにわかに彼に敵うことがあろうか」と告げたという話がある。同様に、僧旻《そうびん》にはかつて毘婆尸仏として講説していたという伝承があり、智蔵は夢の中で金粟如来の室で談話したことがあると伝えられる。経典の講義が盛んだった梁代の学風を反映してのことであろう、過去世において仏典に親しんでいたからこそ、彼らは高僧として名を馳せているというのである。

しかし、霊山同聴はこの類の伝承といささかニュアンスを異にしているのではないか。というのは、霊鷲山において同じ『法華経』の会座にいたということは、慧思あるいは智顗が『法華経』をよく理解していたことを意味するのではなく、慧思と智顗がそこで釈迦如来に見え法を聞いたという因縁に重きが置かれていると考えられるからだ。

確かに、霊山同聴の物語を荒唐無稽な内容と理解する者もいるだろう。また智顗の生涯における単なる逸話の一つに過ぎないと考える人も多いと思う。実際のところこの物語は天台宗学においてそこまで重視されていない感がある。しかし筆者は、霊山同聴が智顗の生涯の中で、ひいては天台宗学において意義を有するものと考えている。

具体的に言えば、次の二点からひじょうに重要であったと考えるのである。

① 霊山同聴は智顗の宗教的体験（この場合は大蘇開悟）の契機となった。

② 霊山同聴は智顗の教学体系に一定の指針を与えた。

①について霊山同聴の宿縁を伝えられた智顗は、修行を始めて二七日が経過したときに『法華経』薬王菩薩本事品の「諸仏同讃、是真精進、真法供養」の句において身心が豁然とする体験に至ったのである。ここに薬王品の「諸仏同讃……」の句が引かれるのは意図あってのことであろう。薬王品は薬王菩薩の過去について語る章であり、菩薩が如来に対して身命を惜しむことなく供養をしていると、「是真精進、真法供養」と諸仏の賛辞が聞こえてきたという。仏道修行において仏に見えるという内容は、仏との因縁を語るという意味において霊山同聴と軌を一にしていると考えることもできるだろう。

大賢山において法華三部経を究竟するという記事が示すように、慧思と対面する以前から智顗には『法華経』についての素養があった。しかし霊山同聴、大蘇開悟という体験を通じて、智顗の『法華経』理解はさらに深まっていったと推察する。経典に対する態度という点から、それは客観的というより主観的であり、知識としてというより体験としてであり、言語領域というよりは非言語領域に関わることではないかと考えられる。

②については、とくに智顗の経典解釈において顕著に感じられるところである。三大部講説に見られる智顗の教学は、仏と衆生との関係性を軸にしており、仏の教説を己がいかに感じ仏道修行を進めていくかということが主要なテーマとなっている。つまり霊山同聴、大蘇開悟の体験を通じて形成された『法華経』理解が後年の教学の体系に深化したと言えるだろう。

たとえば『法華文句』における解釈方法である四種釈の第一は因縁釈といい、〝因縁〟を標榜する。ここで智顗は「因縁とは感応というのである」と述べており、衆生の感と仏の応という関係を因縁釈の根拠としている。また『摩訶止観』の大綱は五略十広というが、その五略の第一は発心である。そこでは「感と応が交わること（感応道交）で発心するのである」と述べられている。これらの所説は、因縁や感応道交を起点にする智顗の仏教観を明らかにしているし、その原初的な体験として先の霊山同聴が位置付けられるのではないかと考える。

また、智顗が論理的な体系を形成するために用いた教説に四悉檀《ししつだん》がある。そもそも四悉檀とは『大智度論』において仏の教説を矛盾なくおさめる範疇と規定される。それに対して智顗は独特の語釈を示すのである。四悉檀の「悉檀」とはサンスクリットの「シッダーンタ」の音写であり、元来は「立言」などの意となる。しかし智顗は「悉」は漢語で「遍」の意義、「檀」は梵語で「施」の意義があり、四悉檀とは仏が法を「遍く」衆生に「施す」ことであると解釈する。つまり智顗は語学的にはまるででたらめな理解を披露するのであるが、ここにも仏と衆生の関係性が強調されているのである。実はこの解釈が慧思を踏襲している点も留意すべきことである。以上のことから、霊山同聴の物語や大蘇開悟の体験は、智顗の教学体系の形成にある程度の指針を与えたと考えられよう。

さて、霊山同聴については、この物語が慧思と智顗との個々の関係の中で実際に語られたという事実も重要なのではないだろうか。つまり、これは普遍的な物語としてではなく、あくまでも個人的な問題として理解するということ。またこれは文字ではなく、口頭によって伝えられたということに注意したいのである。

これに関連して、かつて横超慧日は次のように論じていた（横超、一九五五）。「湛然と最澄がこれによって慧思と智顗とを天竺霊山の聴衆となして以来、霊山聴衆ということがその所説を金口に基くとして権威づける材料として用いられるに至ったが、本来はそうした意味を以て説かれたものではない。道法を同じうする者が法の故に値遇することを得た喜を、これ一朝一夕の偶然ではなく、深厚なる宿縁の致す所と感じて述懐したのである。今日法華の法を聴受し得るは過去世に既に法華を聴いた因縁があるに由るという考え方は、法華経中屡々遭遇する例であった。故に同聴法華の語は、この場合も亦法のために身命を賭して訪ねて来た智顗に対し、慧思が衷心より発した称讃歓迎の感懐に外ならぬのである。」

この主張は、霊山同聴が慧思と智顗という個々の関係の中で語られたことをきわめてよく表現しており、それこそが大切な指摘であると考える。というのも、個々の関係の中で起きた出来事故に、それが智顗の宗教的体験の契機となり、教学形成の一つの指針となり得たと考えるからである。

ところが横超が「権威づける材料」と指摘するように、その意義は智顗以降の天台宗の諸師において変容する。たとえば、荊渓湛然《けいけいたんねん》は智顗の教学の正統な継承者と位置付けられるが、他学派に対する天台教学の優位性、あるいは『法華経』理解の正当性を示すために、霊山同聴の言辞を用いている。また、日本天台に目を向けると、『内証仏法相承血脈譜《ないしょうぶっぽうそうじょうけちみゃくふ》』が法華円教と菩薩戒の中で霊山同聴を用いている。それによると、たとえば法華円教は釈尊を起点として慧思、智顗を経由して日本の伝教大師最澄に伝わるという。ここで霊山同聴の物語が用いられ、慧思と智顗にはいずれも「霊山聴衆」という形容がなされているのである。霊山同聴に相承という意義を付して、宗の正統を強調する意図があると考えられる。

このような変容は、『隋天台智者大師別伝』に霊山同聴の物語が記されたこと、つまりこの物語が書き言葉となって伝わったことに起因するのではないか。『別伝』からさほど時を経ずに編まれた『続高僧伝』によれば、霊山同聴から大蘇開悟に至る経緯において次のような記事が見える。「二七日が経過し「薬王品」を読誦していたとき、智顗は身心豁然として入定したという。このときに智顗は慧思と共に霊鷲山にて仏の説法を聴くという体験をした。それに対して慧思は称賛の言葉を述べた。」智顗が慧思と共に霊鷲山にて仏の説法を聴くという体験をしたという件は、『別伝』には言及されない記事である。つまりここで霊山同聴は仏道修行の証果として追体験する対象となり、それを感得した智顗に慧思が承認を与えているのである。テキストにおいて伝承された霊山同聴の物語は、智顗が仏との宿縁を知ったという本来の意義を逸脱したのである。

以上、天台宗学において霊山同聴という出来事を等閑に付さないことがまずは大事であろうと思う。ただしその際に、これを普遍的な物語と位置付けて絶対視するのであれば、霊山同聴は「権威づける材料」となってしまう。この物語は己と仏との因縁を伝えるものであるが故に、今日においても意義を有するのである。

四　『維摩経』の一音説法

大蘇開悟という宗教的体験があった後に、智顗は金陵において『次第禅門』の講説をおこなっている。この『次第禅門』について、多田孝正は「金陵時代の智顗は「禅波羅蜜」という見かけ上は実践門の言葉を用いながら、それによって示すところのものは多く教相上の問題にかかわり、現実の観法実践においては、教化指導して行くに足る理論的体系をもった観法の完成に至っていないという自覚があった」（多田、一九八〇）と述べている。観門の内容を有する『次第禅門』が教門に重きを置いているとは、一見、奇異に思える。しかし、非言語領域にある実践や体験を言語として理解しようとするという問題が智顗において自覚されていたということである。このことが後の天台山入山という修行体験に、さらには『摩訶止観』の講義へとつながる訳である。

『別伝』によれば、五七五年、深山幽谷である天台山に入山した智顗は、華頂峰に頭陀を行じ、釈尊が成道したときと同じように降魔を体験し、一実諦を悟ったという。その際に智顗の前には神僧が出現し、「敵を制し、怨に勝つ。まさに勇である」と讃えたという。その賛辞は『維摩経』問疾品から引用された経文である。

晩年の智顗は晋王広のために『維摩経』の註釈書を撰述することから、この経典との関わりは深い。しかし、前期時代の智顗は『維摩経』をほとんど用いていなかった。その意味においても、天台山における神僧のことばの典拠が『維摩経』であったことは興味深い。

ところで智顗がしばしば用いる『維摩経』の経文に一音説法の教説がある。

一音説法とは、仏が発したただ一つの音声を衆生が各々に理解するという内容であり、『維摩経』をはじめいくつかの経論に説かれている。説法という行為が釈尊にとっての現実であることを思えば、この一音説法はまったく非現実的である。

袴谷憲昭はこの一音説法について「その「一音」とは通常の言葉では全くありえないゆえに、その「一音」を発する仏は非人間的で無機的な最終の究極的「場所」と化し、最上の福田としてマジカルな力を有するだけの存在となる」（袴谷、二〇〇二）と厳しく批判する。

しかし、筆者はこの一音説法にこそ天台宗学を問い直すヒントがあると考えている。というのも、ここには仏は私のために（聴者のために）法を説いたと思うという意味の所説が付随することがあるからである。先ほど一音説法は非現実的であると述べた。確かにただ一つの音声にあらゆる言語や教説を含むことは現実にはあり得ないことだろう。しかし、いくつかの言語を用いて説法がなされても、聴者は仏が自分のために自分の言語で語ったと思うことがある。また、対機説法とは仏が聴者に応じた内容の教説を説くことであるから、聴者にとっては仏が自分のために法を説いたと思うと解釈することもできる。

そして、私のために仏が法を説いたと思うことは、仏によって説かれた教えを自己のこととして捉えていく態度であり、個々の宗教的体験、天台宗学における実践の問題におおいに関わることと予想できるのである。そして、それは先の霊山同聴――智顗が仏との宿縁を聞いたことで行への指針を得たあの出来事――と同様に、天台宗学において一定の意義を有するものと考えなければならないだろう。実際に、智顗は三大部をはじめとする処々に一音説法の教説を引用するのである。

たとえば、『維摩経文疏』では一音説法を仏の口密とし、四悉檀によって解釈する。前述のように、智顗の四悉檀理解は、単なる仏の教説の分類ではなく、仏と衆生との感応、因縁に重きを置いているところに独自性をもつ。

また、一音説法の所説には読者に一定の注意を喚起するはたらきがある。経文の解釈は、その性格上、言語領域における分別の世界に読者を封じ込める傾向がある。智顗は種々の分別を用いて一通りの解釈を行った後に、その分別が限定的な意味を与えることを避けようとする。その際に一音説法の教説を引用するのである。

そのような諸例をもとに考えると、一音説法は教門から観門へ、すなわち言語領域から非言語領域への移行を読者に喚起させる意味をもつのである。私のために法を説いたという一音説法の経意は、後に「教観双美」と形容される智顗の仏教体系におおいに資したと考えることができるのである。『摩訶止観』が講説された荊州玉泉寺は当初「一音寺」の名を冠していたという。一音説法の教説に対する智顗の思いはそれなりに強かったのではないだろうかと思う。

五　天台宗学の教育に関わる立場から

筆者は現在、天台宗の宗門子弟が多く集う大正大学において天台学の講義をいくつか担当する立場である。宗門子弟の教育といっても、学校の教室でおこなわれる授業はどうしても学生に観念的な理解を与えがちになるものである。

冒頭に述べたように、天台宗の仏教は〝綜合仏教的〟であると言われており、広大かつ精緻な教学体系を有するのである。それはまた複雑でもあり、理解するのが困難な場合もある。そこで古来、初学者が天台教学を学ぶ際に教科書として用いられたのは、諦観《たいかん》の『天台四教儀』であった。そこに示される五時八教判は、智顗の教判体系を簡潔にまとめており、理解しやすいものとなっている。その『四教儀』の五時八教は、次頁のような見取り図をもって示されることがある。筆者も授業でしばしば用いる図である。

しかしこのような図は全体を俯瞰することには簡便であるが、注意を要するのである。教説内容の分類である化法四教を例にとってみよう。化法四教とは蔵教・通教・別教・円教のことをいい、この図を見ると、蔵教から円教へという序列が示されているようである。確かに、円教の「円」とは完全の意であり、天台宗の円教とは主に『法華経』に基づく究極の教えということになるから、化法四教を、円教を最上位とする序列として考えること自体は誤りとは言えない。し

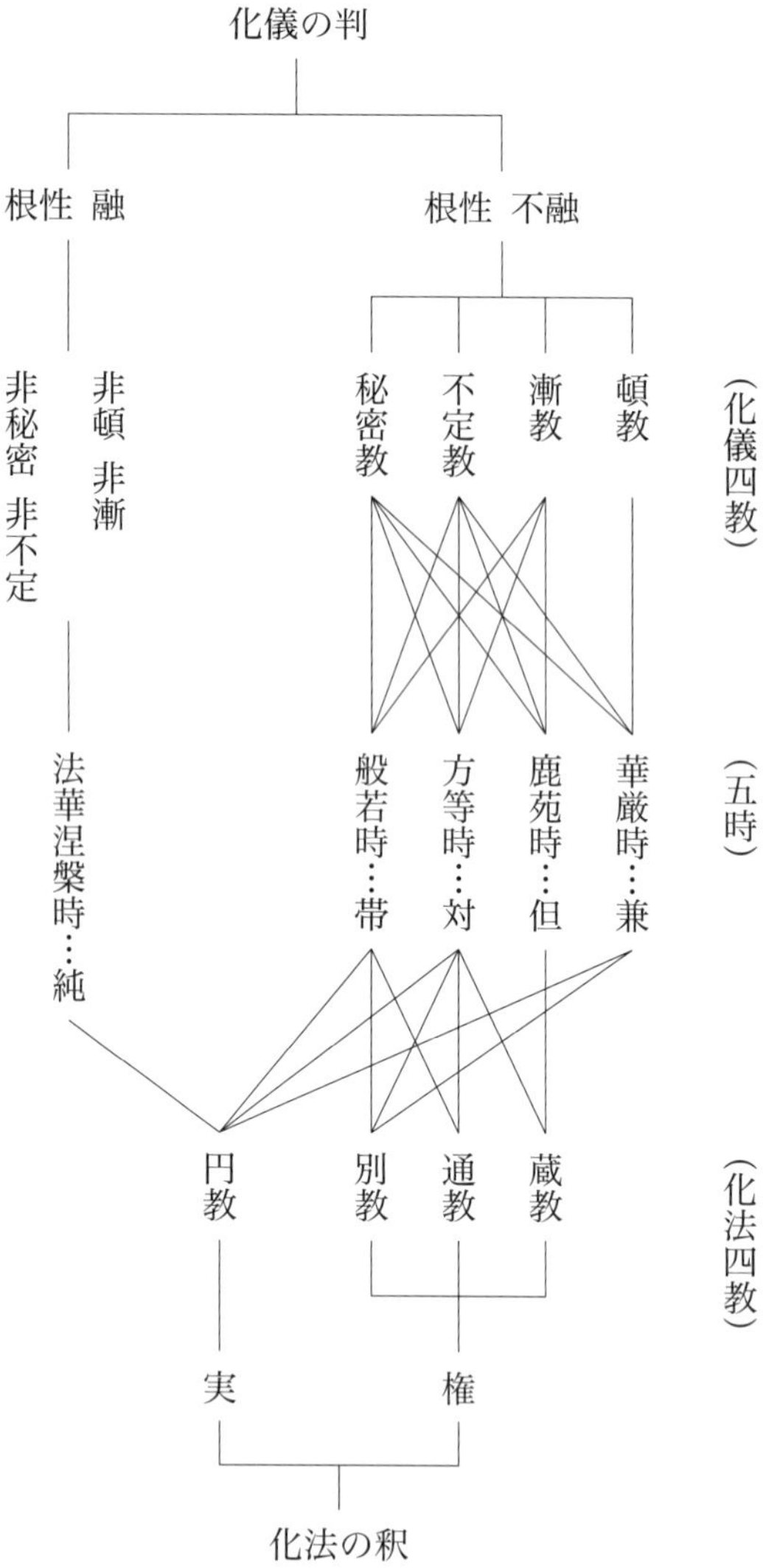
化儀の判
根性 融
根性 不融
非頓 非漸
非秘密 非不定
頓教
漸教
不定教
秘密教
(化儀四教)
華厳時……兼
鹿苑時……但
方等時……対
般若時……帯
法華涅槃時……純
(五時)
蔵教
通教
別教
円教
(化法四教)
権
実
化法の釈

かし智顗における円教とは、たんに蔵教・通教・別教と比して優位であると主張することを目的としないのである。

仏教の基本的な教説である苦諦・集諦・滅諦・道諦の四諦について、智顗は化法四教に分別して説いている。円教の四諦を無作の四諦というが、その内容は次の通りである。

私たちが苦であると厭う現実もそのまま真実のすがたであり（苦諦）、よって苦の原因として断じる煩悩がある訳ではない（集諦）。そして現実を離れて修する道があることもなく（道諦）、現実を離れて到達すべき境地がある訳ではない（滅諦）。

四諦は、迷いの世界の因果である苦諦（果）・集諦（因）と、悟りの世界の因果である道諦（因）・滅諦（果）である。蔵教・通教・別教はそのような迷と悟という枠の内で四諦を説くのだが、円教では迷いの現実を仏の悟りに転じて説くところにその特色を有するのである。このような円教の現実肯定的な発想は、日本天台における本覚思想の素地を形成することとなる。

すなわち化法四教は蔵教・通教・別教と円教との間で大きな発想の転換が行われ、円教は各人が仏との因縁を確認し、仏の教説を主体的に捉えていく機会を提供するのである。本論文において再三述べてきた、非言語領域にある宗教的体験や宗教的感情を示唆するといってもよいだろう。このような発想の転換を、いかに宗門子弟の教育において実践できるかが、筆者のみならず宗学の教育者の課題になるのではないだろうか。

六　おわりに

天台宗に限った話ではないが、今日の宗学は、近代的な文献研究を最良の方法論として採用する傾向があり、そのことはいくつかの問題をはらむのである。本論文では、問題の一つとして現在の宗学が非言語的な宗教的体験を捉える術を欠いていることを指摘し、天台宗学において注目すべき事象として霊山同聴の物語と一音説法の教説を例に挙げたのであった。

最後に、天台宗の鎮守神である山王権現に関する伝承を紹介する。あるとき山王権現の神前で小僧たちが『般若心経』の「心」の字について議論をしていた。ある者は神力の経だから「心」ではなく「神」であるべきだと言い、ある者は真実の経だから「真」であるべきだと言い、ある者は信ずる経だから「信」であるべきだと言う。そのときに通りかかった老僧がそれらはすべて間違いで「心」が正しいと言い、小僧たちは自らを恥じて退散してしまった。しかしその夜から老僧は原因不明の熱病にかかった。苦しむ老僧の前に山王権現が現われ、「小僧たちの無邪気な議論をなぜやめさせたのか。つまらぬ口出しをした報いで、このような病になったのだ」と告げたという。

この伝承は、宗教的感情が学問の約束事によって否定されうるのかという問題を示唆しているように思う。宗学のこれからを考える上で軽視できない話ではないだろうか。

〈参考文献〉


横超慧日「天台智顗の法華三昧」『大谷学報』第三五号―三、一九五五年。

――――『中国仏教の研究　第一』法藏館、一九五八年。

大谷栄一・吉永進一・近藤俊太郎編『近代仏教スタディーズ―仏教からみたもうひとつの近代―』法藏館、二〇一六年。

末木文美士・林淳・吉永進一・大谷栄一編『ブッダの変貌―交錯する近代仏教―』法藏館、二〇一四年。

多田孝正「天台智顗の修の基本理念」『日本仏教学会年報』第四五号、一九八〇年。

丹治昭義「一音説法」『南都仏教』第八一号、二〇〇二年。

智山伝法院編、廣澤隆之・宮坂宥洪監修『近代仏教を問う』春秋社、二〇一四年。

天台宗総合研究センター『新編　天台宗の教義（一）』天台宗総合研究センター、二〇一三年。

天台宗務庁学務課編『教史綱要』天台宗務庁、一九一〇年。

二宮守人「法華と念仏」『天台宗実践叢書　第一巻』大蔵舎、一九九六年（初出は一九三三年）。

袴谷憲昭『仏教教団史論』大蔵出版、二〇〇二年。

硲　慈弘『天台宗読本　宗史編』天台宗務庁教学部、一九三九年。

山口弘江「智顗の実践論よりみる『維摩経』理解の特質について」『印度学佛教学研究』第六五

号—二、二〇一七年。

真言宗の宗学の現状を考える

佐々木大樹

一　はじめに

本稿は、真言宗の「宗学」、すなわち真言僧の学びについて、歴史的経緯を確認した上で、現状の問題点をあぶり出し、将来のあり方を模索することを目的とするものである。

真言僧が学ぶべきものは、事相（実践）と教相（理論）の二つから成り立つ。この二つは「鳥の双翼」「車の両輪」と表現され、事教二相の双修が基本とされてきた。伝統的に、実践を伴わない教相は、単なる虚無論に堕ちて意味をなさず、逆に教理を伴わない事相は、子供の手遊びと変わらないと言われ、事相と教相は相互に補完し合うものとされてきた。

真言宗で「宗学」の語を使う場合、その意味は一定しないが（後述）、教相を主とすることが原則である。ただ真言宗の教相は、単独で成り立つものではなく、事相と密接に結びついている。教相と事相は、それぞれが広範な領域を有しており、かつ両領域を連動させることが必然となっており、真言宗の宗学は、他宗派に比して非常に複雑・難解な様相を呈している。

その上、真言宗の宗学は、明治期の廃仏毀釈《はいぶつきしゃく》や近代仏教学の導入、また第二次世界大戦などの外的要因によって、変容を余儀なくされた過去があり、その教相・事相の伝統には喪失・断絶された部分が少なくない。現状の宗学は、この不完全な伝統を土台とし、その上に近代仏教学の成果を継ぎ足し、その体裁を保っている。しかし、そこには様々な問題点や脆弱性を含んでおり、根底からの見直しが必要と考えられる。

真言宗全体を見渡し、その全ての現状を理解し、分析することは、もとより著者の力量を大きく超えるものであるが、「宗学の過去と現状」「仏典の電子化と真言宗」の二つを軸に、七つの細目を設けて、その表層を概観してゆきたいと思う。

宗学の過去と現状

①宗学の範囲　②伝統的宗学と論義　③伝統的宗学と近代仏教学

④大学カリキュラムと宗学

仏典の電子化と真言宗

①口伝為本と経軌為本　②密教の秘密性　③仏典の電子化と真言宗

二　宗学の過去と現状

①宗学の範囲

「宗学」とは、宗派の学びの総体を示す言葉としてよく使われるが、その意味するところは一定しない。『広辞苑』によれば、「各宗門の教義に関する学問」と規定されるのみであり、その内実は各宗派の性格に多く依存している。宗学の語は、江戸期の「宗乗」に由来するとされるが、いつ頃から使用されたのかは不明である。この宗学の概念が意識され始めたのは、明治期、近代仏教学の導入以後のことと考えられる。同時期以降、真言宗内でも「宗学」という言葉が多用されるようになったが、その範疇は時代や流派によって大きく変遷してきたようである。

まず栂尾祥雲によれば、宗学とは、真言宗における学問そのものであり、これは教相の方面に属し、けっして事相を含まないとしている(栂尾祥雲、一九一〇)。「伝法会《でんぼうえ》」「問答講《もんどうこう》」「竪精《りっせい》」「勧学会《かんがくえ》」などの論義を中心とする伝統的学問・研究にもとづくものが宗学であり、その総称として「学会《がくえ》」「学道《がくどう》」という言葉があるとしている。このような伝統的法会をともなった宗学のあり方を本稿では、「**伝統的宗学**」と呼んでおきたい。このような古典的な理解は、後にも継承され、勝又俊教は、伝法会を称して「宗学研究の法会」と表現している(勝又俊教、一九八一)。

一方、このような宗学理解に対して、一九〇七(明治四十)年頃、旧来の方法にとらわれず、歴史や言語を駆使し、比較・合理のもとに新たな宗学を形成すべきとの論調も存在したようである(阿部貴子、二〇一二参照)。近年では、このような考えを背景として、宗学の領域は、どんどん拡張され、その意味するところも変容してきたように思われる。

現在では、真言宗で伝統的に重視されてきた文献群、『金剛頂経《こんごうちょうぎょう》』『大日経《だいにちきょう》』を始めとする経軌・論書、また空海の著作および末釈を扱うものが宗学であり、学び方や手法は問われていないものと認識される。ゆえに伝統的宗学と同様の文献を扱いながらも、近年では、近代仏教学の合理的・批判的態度、サンスクリット語・チベット語文献などの学術成果が加味されており、伝統的宗学とは、実質的に相違している。

また真言宗の学びは、教理・思想（教相）を主としながらも、実践・儀礼（事相）の領域と切り離せないものである。さらに現代で用いる「宗学」という言葉には、教相のみならず事相を含み、さらに伝道・教化までをも見据えた観念へと広がりつつある。筆者が所属する大正大学の「宗学コース」は、教相系の授業のみならず、法儀《ほうぎ》（法要や声明など）・悉曇《しったん》（梵字）などの事相系の授業、さらに伝道・布教に関する授業によって構成されている。

本稿では、前の論義を中心とする「伝統的宗学」と区分けし、近年の広範な真言宗の学びを総称するものをたんに「**宗学**」と呼び、一応の使い分けをしておきたい。

②伝統的宗学と論義

真言僧の学びは、『金剛頂経』『大日経』、『大日経疏《だいにちきょうしょ》』（大疏《だいしょ》）』『発菩提心論《ほつぼだいしんろん》』『釈摩訶衍論《しゃくまかえんろん》』、また十巻章《じっかんじょう》などの空海著作などを根幹としてきたが、その学び方の軽重は、時代によって大きく変遷してきた。以下では、空海を始点として、教相を主とする伝統的宗学がいかに形成・変遷され、現代に至るのかを確認してゆきたい。

八二三（弘仁十四）年、空海は、教王護国寺（東寺）に五十名の僧侶を置き、真言密教に関係する経典・儀軌・論書を学ばせた。その時のリストが、『真言宗所学経律論目録』（三学録）である。この中には、『金剛頂経』『大日経』を含む経二百巻、梵字・真言・讃など四十巻、律百七十三巻、さらに論として『発菩提心論』『釈摩訶衍論』の十一巻を列挙し、あわせて四百二十四巻を挙げている（＊興味深いことに、同目録中には『大日経疏』の名は見えない）。

さらに八三五（承和二）年、空海は、真言宗において毎年三人を得度させるために、三業度人《さんごうどにん》の奏上を行い、①金剛頂業、②胎蔵業、③声明業を定めて、真言密教の経論を学ばせ、人材の育成に努めた。

以上のような空海の掲げた指針にもとづき、宗学の研鑽が行われたが、空海入定以降は、「伝法会」などの一種の法会《ほうえ》として行われたところに、真言宗の特徴がある。

その最初は、承和十三年、実慧《じちえ》（七八六〜八四七）が東寺に開設した「伝法会」であり、栂尾祥雲は、これをもって「宗学」の始まりとしている（栂尾祥雲、一九一〇）。「伝法会」とは、宗義を講義し、若い子弟に学ばせることであり、実慧は『大日経疏』を講義したと記録されている。これに続き真然《しんぜん》（八〇四〜八九二）が、高野山において「伝法会」を開いたが、それは春秋二季からなるものであった。春季の修学会では、典籍を書写させてから伝授を行い、秋季の練学会では、経論の誤りを修正するものであったが、その後に廃れた。この高野山の伝法会を復興したのが、覚鑁《かくばん》（一〇九五〜一一四三）であり、その会場として大伝法院《だいでんぼういん》を建立した。この時に伝法会の内容も変更され、春季の修学会は教相、秋季の練学会は事相というような性格分けがなされた。

これらの「伝法会」は一種の談義《だんぎ》に属するものとされる。談義とは宗義を広く談ずるものの総称であり、覚鑁の時代までは、講義もあれば、討論・問答もあり、時には漫談的な要素もあり、きわめて自由度に富むものであったとされる。

鎌倉期になると頼瑜《らいゆ》（一二二六〜一三〇四）が現れ、高野山の大伝法院、移設先である根来山《ねごろさん》において「伝法大会《でんぼうだいえ》」を行い、その成果として『即身義愚草』などの愚草類が著された。また頼瑜は、根来・神宮寺において「竪義《りゅうぎ》」の制度を創始した。竪義とは、竪者《りっしゃ》の学業成果を量るための一種の試験であり、試験官の任にあたるのが精義者《せいぎしゃ》である。後世、頼瑜の『大疏愚草《だいしょぐそう》』『釈論《しゃくろん》愚草《ぐそう》』をもとに、室町期には、聖憲《しょうけん》（一三〇七〜一三九二）が『大疏百條第三重《だいしょひゃくじょうだいさんじゅう》』『釈論百《しゃくろんひゃく》條第三重《じょうだいさんじゅう》』を撰述し、根来の新義教学が大成されていった。

このような根来の学風を汲むのが智積院《ちしゃくいん》（智山方）と長谷寺《はせでら》（豊山方）であり、伝統的な論義の形式は、「報恩講《ほうおんこう》」と「伝法大会（竪義）」とに受け継がれていった。まず報恩講とは、覚鑁への報恩謝徳の念から行われる法会であり、智積院では当初、夏冬二季に行われた。四〜五月の夏報恩講では『釈摩訶衍論』、十〜十二月の冬報恩講では『大日経疏』の論義が行われ、このうち冬報恩講のみ今日でも行われている。

江戸期の智積院では、一人前の真言僧になるためには、二十年間にわたる修学が必要であり、そのうち三年間以上は、本山の冬報恩講への出仕が求められた。その年数に応じて、地方檀林における指導者の地位や、本寺・末寺の住持権などが与えられることから、必死に研鑽を積んだものと想像される。後に運敞《うんしょう》（一六一四〜一六九三）が、聖憲の著作をもとに『大疏百條第三重《だいしょひゃくじょうだいにじゅう》』『釈論百條第三重《しゃくろんひゃくじょうだいにじゅう》』を撰述したことにより全盛期を迎え、最大千三百名以上の僧が智積院に常住したとされる。

一方の伝法大会は、試験の性格をもつ竪義（竪精《りっせい》論義）であり、冬報恩講の出仕者の中から優秀者のみを選び、学問的指導者（学僧）を養成するためのものであり、この中から能化《のうけ》に就く者も多く輩出された。試験を受ける竪者《りっしゃ》は学業を研鑽し、試験官である精義者《せいぎしゃ》とともに、問答の内容を練りあげていったという。

以上に取り上げた報恩講と伝法大会（竪義）の伝統は現在にも継承され、毎年、智積院において挙行されている。その中核となるものは、『大日経疏』（『大日経』の注釈書）、特に「住心品《じゅうしんぼん》疏《しょ》」の研鑽であり、これこそが智山派の伝統的宗学の枢軸をなすものであろう。高野山を中心とする古義派の本地身説《ほんじしんせつ》に対し、新義独自の加持身説《かじしんせつ》を提唱し、その正統性を訴えるためにも、『大日経疏』の研鑽は必然であったと考えられる。

現状の冬報恩講は、実質的に期間が短縮され、そのため『大日経疏』の内容理解よりも、法会としての問答のやり方・唱え方を主眼とし、宗学研鑽の意味合いは希薄となっている。また後述するように、明治以降の近代仏教学の導入以降、様々な言語・方法を駆使した『大日経』などの経典研究が盛んとなっていった。さらに大学カリキュラムにおける様々な制約から、『大日経疏』の研鑽は顧みられなくなり、すでにその伝統的な学びは失われたようにも思える。

ただ『大日経疏』の研鑽を単純に復古すべきかといえば、そうとも言い切れない。『大日経疏』に記載される情報は、密教を学ぶ上できわめて有用なものであるが、江戸期の学びはやや同書に偏り、宗学の弾力性を欠いた部分もあるように思われる。

今後は、近代仏教学の導入によって活性化された『金剛頂経』『大日経』などの密教研究をもとに、『大日経疏』の価値を再検証する必要があろう。また法会としての論義も重要であるが、チベット訳『大日経』などを参照できる現代において、伝統的論義の内実を検証し、新たな論義の形を模索することも、宗学の活性化につながるものと考えられる。

③伝統的宗学と近代仏教学

伝統的宗学は、南北朝から江戸期にかけて全盛を迎え、智山派の場合は、『大日経疏』の研鑽と論義を中心に子弟養成が行われてきた。初学者は、師の指導のもと真言宗に関わる経論・著作などの素読《そどく》を行い、反復によって密教の用語に慣れ、その後に内容理解を深めて論義の場に臨んだのである。

それが明治期以降、南条文雄《なんじょうぶんゆう》（一八四九～一九二七）らの留学を機に、欧米より近代仏教学の手法が導入されたことにより、真言僧が学ぶべきところの「宗学」の枠組みは変わっていった。

まず仏典の読み方が大きく変容した。伝統的宗学においては、口伝《くでん》と経軌《きょうき》の記述、あるいは経軌間の記述に矛盾がある場合には、基本的に会通《えつう》（一見、矛盾対立する説を意が通じるように調整すること）によって整合してきた。それに対して、近代仏教学では、文献などの情報を批判的、合理的、客観的に検証し、文献の記述にない、あるいは相違する要素を排除することを第一とし、伝統的な意味・解釈が徐々に更新されていった。また伝統的宗学において、「聖教《しょうぎょう》」として重んじられてきた経軌・次第の類は、情報を取り出すための「資料」となり、研究されるべき対象として認識が変わっていった。

また伝統的宗学から近代仏教学において、重視する仏典も大きく移行した。西欧から導入された近代仏教学では、サンスクリット語やチベット語の資料を主な研究対象としており、かかる言語資料が豊富にそろう『金剛頂経』『理趣経』『大日経』などの経典研究が盛んになっていった。栂尾祥雲《とがのおしょううん》（一八八一〜一九五三）による一連の研究成果は、その金字塔といえるものであり、灌《かん》頂《じょう》儀礼や曼荼羅の解明が進み、真言密教の新たな側面を引き出していった。その一方で、伝統的宗学の根幹をなしてきた漢訳資料全般が、二次的なものに格下げされていった。これによって冬報恩講で重視された『大日経疏』を学ぶ機会は激減し、伝統的な継承は途絶えてしまった感がある。

現代における宗学は、近代仏教学にもとづく新たな研究成果が、たぶんに加味されており、伝統的なものと大きく相違している。それにもかかわらず、その事実が、現状ほとんど意識されていないため、法の相承や子弟養成の現場において歪みが生じているものと考えられる。

たとえば、近年行われる伝授・講伝《こうでん》などの伝統儀式においても、徐々に近代仏教学の成果が取り込まれ、変容しつつある傾向が見られる。変容自体は避けられないものであるが、全てを成り行きに任せるならば、連綿と伝わってきた伝統の原型を喪失することにも繋がりかねないのである。

真言宗の宗学は、教相を主とするが、事相を前提とするのが原則であり、現代においても、それは同様である。しかし明治以降、宗学の核となる教相は、近代仏教学にもとづきつねにアップデートされ続けたことにより、従来の事相を前提とした意味・解釈とは大きく相違する部分が出てきている。例として近年、真言宗の研究会・講習会などでは、『理趣経』『金剛頂経』「光明真言」などの同一テーマについて、事相と教相の両面から扱った工夫されたものが増えてきている。このような取り組みは、事教二相の結びつきを再認識する上で有効であるが、その内容において合わない部分も往々に見受けられる。

伝統的宗学は完全ではなく、誤謬もあり、時代にそぐわない部分も含んでいる。一方で近代仏教学は、密教に客観性・中立性を与えたものの、伝統に根ざす宗団に、すくなからず齟齬と混乱とをもたらした部分もある。いずれも万能のものではなく、短絡的に択一的な思考に陥るべきではなく、それぞれの長所を合わせて、意識的に新たな宗学の形を模索することは必然であろう。

現代では、過去の学匠が参照できなかった多言語の諸文献、インド・チベット・ネパールなどの様々な情報が参照可能となっており、伝統を精練するための条件には恵まれている。このような知的情報を、修行体験によって補正し、さらに呪術要素なども加えることにより、誰しもが納得する伝統に創造されてゆくべきものと思われる。すくなくとも、伝統の名の下に放置されている誤謬については、改正しなければならないだろう。

④大学カリキュラムと宗学

近代仏教学は、おもに大学によって担われている。その大学は研究者の養成とともに、宗門から子弟養成の役割も与えられた。真言宗の学びの場は、本山や檀林《だんりん》を離れ、大学へと移行したのであり、当然、学び方や内容（カリキュラム）、理想とされる僧侶像も大きく変容することとなった。まず、その歴史的経緯について、真言宗智山派を中心に概観してゆきたい。

一八七二（明治五）年の大教院制度を機に、「神仏合同大教院《しんぶつごうどうだいきょういん》」が設けられた（直後に閉鎖）。一八七五（明治八）年になると、愛宕真福寺《あたごしんぷくじ》に「真言宗大教院」が開設され、その後、真言宗内で古義・新義などで合同と分離をくりかえし、一八八五（明治十八）年に「新義派大学林」が設けられた。一九〇〇（明治三十三）年になると、智積院に「智山派大学林」が設けられ、政府の「専門学校令」に対応する形で、一九一四（大正三）年に「私立大学智山勧学院《ちさんかんがくいん》」が開かれた。同学院では、十巻章や『理趣経』『菩提心論』を学ぶ「宗乗」、唯識・倶舎の性相学などを学ぶ

「余乗」の他、漢文や梵語学、また哲学・社会学・心理学が学ばれた。その後、智山勧学院は、本山から東京石神井の三宝寺に移され、一九二九（昭和四）年に宗門教育機関として「私立智山専門学校」が誕生した。

一九四三（昭和十八）年、智山専門学校は、「宗立大正大学」（大正十五年設立：豊島区西巣鴨）と合併し、真言宗智山派の学処として、子弟養成の一翼を担うこととなった。この他に真言系の大学としては、一九二六（大正十五）年に開設された高野山大学、一九四九（昭和二十四）年に開設された種智院大学などがある。

以上、概観したとおり、真言宗の学びの場は、寺院から分離され「大学」へと移り、真言僧の学び方、学ぶ内容は変更されていった。江戸期までは、地方の檀林や本山において師の指導のもと、素読などの反復によって、師のもつ知識や振る舞いを学んだ。すなわち宗学の世界では、師の模倣によって一人前の僧侶になるのであり、その模倣された知識量、あるいは法要を主催する技量に応じて、ふさわしい地位が与えられた。

しかし、近代仏教学を根幹とする大学では、基本的に特定の宗派に偏らない教育がなされ、いかに多言語を扱い、文献情報を客観的・中立的に読解できるかが求められた。そして、伝統的に継承されてきた形式や意味を反復することよりも、自ら読解した情報を組み立て、独自の学説を立てること、たえず新しい研究成果を出し続けることが重視されていった。

その結果、近年では先行研究が豊富な分野を避け、実績をつくりやすい未開拓分野、また新出資料にもとづく翻刻研究などに力点を置く傾向が強まっている。サンスクリット・チベット資料にもとづく、『金剛頂経』『理趣経』『大日経』などの研究が一段落すると、以降、中期密教よりも、後期密教や初期密教への研究が盛んになっている。また真言宗開祖・空海に関する研究は、一九八〇〜一九九〇年代頃を中心に盛んに研究された反動としてか、近年、その研究を真正面から取り扱った研究は稀となってきている。

周辺領域に研究が波及すること自体は好ましいことであるが、その反動として、真言密教（中期密教）を担う者が手薄になる結果を招いており危惧される。真言密教は、宗学および子弟教育の根幹をなすものであって、その担い手を確保することは重要な課題である。

また大学では、言語力や論理性などの知的側面を偏重する傾向が強いが、子弟養成においては、それに加えて感情抑制や協調共感などの情緒的側面を伸ばすことも重要になってくる。真言密教を専門とし、人格をともなった人材を養成するためには、従来の大学の教育・評価方法だけでは不適であり、今後、新たな評価基準を加えた枠組みの改変が不可欠になるように考えられる。

また大学には、カリキュラムや時間的制約があって、仏教・密教の基礎部分だけでも十分に学びきれない問題もある。「唯識三年、倶舎八年」という言葉があるように、江戸期には、性相学《しょうそうがく》などの仏教の基礎知識を時間をかけ、十分に身につけた上で、真言密教などの専門的内容を学ぶことが常であった。それに対して現代の宗門子弟では、高校生までまったく仏教に触れず、知識がゼロの状態で仏教系大学に入学することもしばしばであり、大学において基礎作りを請け負わなければならない。

一八九五（明治二十八）年以降、真言宗の子弟養成において徐々に「普通学（一般教養）」が導入され、その流れは現代に継承されている（阿部貴子、二〇一三参照）。大正大学でも、一・二年次を中心にI類（教養科目）の履修が必修であり、真言宗の学びに費やせる時間は、きわめて限定される。またこれが、伝統的宗学で重視された『大日経疏』などの学び、また素読などの反復による学習を阻んでおり、宗学が変容する要因ともなっている。

さらに現代の真言僧には、従来の事相・教相のみならず、伝道・布教や寺院運営など、多様な力が求められるが、大学カリキュラムの制約下、これらの力を大学四年間のみで十分に身につけることは不可能である。宗団では、大学での基礎的学びと連動して、信仰を涵養し、より実践的なものへと深めるためにも、各種の講習会・勉強会の機会を積極的に設けることが重要になるであろう。真言宗智山派の場合、他宗派に比して学び直しの機会は多く設けられている印象であるが、今後、その一環に『大日経疏』『釈摩訶衍論』などの学びを組み込み、宗学を活性化する方途もまた検討してよいように思われる。

三　仏典の電子化と真言宗

①口伝為本《くでんいほん》と経軌為本《きょうきいほん》

仏典の電子化という現代的課題を考えるのに先立ち、真言宗における「口伝為本」と「経軌為本」という二つの伝統的立場について確認しておきたい。

口伝為本とは、師すなわち阿闍梨から受けた口伝を根本とする立場であり、一方の経軌為本とは、経典・儀軌・論書などの記述を根本とする立場である。教相はどちらかというと経軌にもとづき、一方の事相は主に口伝によることを是として伝えられてきた。東密《とうみつ》（東寺を中心とする真言密教）は、台密《たいみつ》（天台宗の密教）よりも口伝を重視し、中でも広沢流《ひろさわりゅう》よりも小野流《おのりゅう》において口伝が尊ばれてきた。

釈尊（仏陀）の覚りは、梵天の勧めによって説法がなされ、仏弟子たちに伝えられた（言語化）。その教えは暗誦され師から弟子に継承された。これが口伝為本の濫觴である。その口伝情報は、いつ頃かは不明であるが活字化され、後に貝葉や樺皮に筆記されるようになり、スートラ（経）が生み出された。これが経軌為本の由来である。このような視点に立つならば、経軌よりも口伝を重視する心理にも、一定の説得力があるように思われる。しかし、口伝と経軌は、どちらか一方で完結するものではなく、口や紙という伝達媒体の相違にもとづき、それぞれ長所・短所がある。

まず口伝は、変わりやすさ・柔軟性を特性としている。それは伝える側、あるいは聞く側の過誤によって予期せず変わる場合もあるし、何らかの理由・信念にもとづいて意図的に変えることも可能である。真言宗では、「阿闍梨の口伝＝絶対」が原則とされるが、実際には歴史上、大きく口伝の内実は変遷しており、その事実を裏づけるように、歴史上、無意味に分派を促し、数え切れないほどの法流を生み出してきた。師の口伝を敬いつつも、それを絶対視することは危うく、情報の精査が必然である。

一方の経軌は、口伝と比べて、地域や時代に影響されず、変わりづらさを特性としている。しかし、経軌中に活字化された情報は、事実のごく一部であり、儀礼・作法や造像など、実際には口伝を補わなければ成り立たない場合が多い。また経軌の情報は、必ずしも平均的なものではなく偏向を含む場合があるが、そのことがまったく意識されず、記述の有無をもって実際の教義・儀礼を拘束してきた部分もある。他にも経軌同士の記述が齟齬することもしばしばであり、古来より整合・会通に難渋してきたようである。明治以降の近代仏教学は、文献の記述を第一としており、伝統的枠組みに照らせば、経軌為本の延長上に位置づけられる。

以上のように口伝・経軌は、いずれか一方で完結するものではなく、それぞれの長所・短所を見きわめて適切に組み合わせることが重要である。しかし、歴史を省みると、自ら受け継いだ法流の正統性を主張するため、あえて優劣を論じ、時には相手の立場を否定するため、択一的な主張もなされてきた。このような視点こそが、事相・教相の関係性に大きな歪みをもたらしてきた元凶であり、今後、克服されなければならない問題である。

また口伝と経軌の優劣を競う考えに陥るときに、欠落する視点がある。それは仏陀の追体験という視点であり、いかに宗是とする「即身成仏《そくしんじょうぶつ》」を自ら受け入れるのかということである。仏陀の覚りは、非言語の体験領域であって、本来、表現しえない世界である。しかし、釈尊は、自らの覚りを分節化することによって、はじめて言語化しえたのであり、その副産物が口伝と経軌といえる。

口伝と経軌は、それ自体の優劣を競うべくものではなく、覚りの体験という実を得るための方法に過ぎないのであり、それ自体に固執するべきではないと考えられる。ただ覚りへの方法という視点において、口伝も経軌も価値を有するのであり、伝統的宗学と近代仏教学の成果を結集して、より一層の洗練が必要だと思われる。

②密教の秘密性

仏典の電子化を考える上で、真言宗の場合、「密教」という名が示すように、秘密性との兼ね合いをどうするかも大きな課題となる。空海の『弁顕密二教論《べんけんみつにきょうろん》』には、有名な秘密の定義がある。その一つは衆生が真実に気付かないこと（衆生秘密）であり、もう一つは如来が衆生《しゅじょう》の状態を見て、あえて秘密にすること（如来秘密）である。密教は、即身成仏をもたらす有効な教法であるが、修行や戒を軽んじる傾向を生むなど、一定の条件がそろわなければ劇薬にも変わるものである。このような理由から、古来より真言宗では、師が弟子の力量を見きわめて、ふさわしく授けることを原則としてきた。

『性霊集《しょうりょうしゅう》』第十巻に収録される「叡山《えいざん》の澄法師《ちょうほうし》、理趣釈経《りしゅしゃくきょう》を求むるに答《たっ》する書」では、「澄法師」（一説に最澄とも）が、『理趣釈経』の借覧を求めた時、空海は以下のような理由から拒否したことが伝えられる。

「また秘蔵《ひぞう》の奥旨《おうし》は文《もん》を得ることを貴しとせず。ただ心をもって心に伝うるにあり。文はこれ糟粕《そうはく》、文はこれ瓦礫《げりゃく》なり。糟粕・瓦礫を受くれば、すなわち粋実《すいじつ》・至実《しじつ》を失う。実を棄てて偽を拾うは愚人の法なり」（『性霊集』第十巻）

この引用によれば、密教の大事な部分は、師の心から弟子の心へと伝えられるものであり、師なく文章を読んだとしても、それは全くの無駄となる。そればかりか、『理趣経』は性的欲望を主題とするものであり、その表層に執われ真実を見間違える可能性が大きく危険である。このような理由から空海は、『理趣釈経』の借覧を断ったものと考えられる。

真言密教では、いつ頃からかは不明であるが、いくつかの書に秘密の部分を設け、初心者（＝未灌頂者）が読むことを禁じる慣例が生まれた。教相中、具体的には上記『理趣経』『理釈経』の他、『大日経』『大日経疏』の具縁品《ぐえんぼん》以下、『発菩提心論』の三摩地段《さんまじだん》（不読段《ふどくだん》）、空海の『即身成仏義』『秘蔵宝鑰《ひぞうほうやく》』の一部（不読段）などがある。これらの文献では、灌頂や観法《かんぼう》などの事相に関わることを理由に不読としており、灌頂を受けた者（＝已灌頂者）にのみ履修が認められたようである。また真言や結印などの事相全般が、秘密のものとして伝承され、みだりに公開することが禁じられ、この禁を犯すことは越三昧耶《おっさんまや》の大罪であるとされた。

しかし、明治以降、学術研究のため秘密を公開し自由討究すべきとの世の風潮、また真言宗内における教法護持への危機感、また世の誤解を解きたいとの意識から、古来秘密とされた内容が次第に公開されていった。一九一一（明治四十四）年には『弘法大師全集』（祖風宣揚会編）、『秘密辞林』（富田《とみた》斅純《こうじゅん》編）が公開された。さらに一九二四（大正十三）年から一九三四（昭和九）年にかけて、『大正新脩大蔵経』全百巻（大正一切経刊行会編）が刊行され、このうち第十八〜二十一巻に「密教部」が設けられ、ほぼ全ての密教経軌が公開された。

また一九三一（昭和六）年には、弘法大師一千一百年の御遠忌を期して『密教大辞典』（密教辞典編纂会編）が刊行された。その巻頭言で、松本文三郎は、「数百年来奉じ来つた秘密主義を放棄し、一切を公開し」と述べ、「治外法権の密教国も自今以後は内外学者の自由に出入し得ることとなった」と結んでいる。同書の解説は、新解釈を混ぜながらも、基本的に主要な相伝を活字化して記されており、口伝の粋の集大成ともいえるものである。

このように明治後年から昭和初期にかけ、真言宗で秘密として慎重に扱われてきた密教の経軌、および空海の著作など、基本となるものがほぼすべて公開されたといえる。現代では、その流れが加速され、密教の真言や結印などの事相内容を含むものが、一般書籍として安価で販売され、インターネット上でも、精度はともかく、容易に情報を仕入れることが可能となってきている。

ここでは、本来の「師が弟子の力量を見きわめて授ける」という原則が完全に欠如しており、大きな問題と思われるが、残念ながら現状、議論する場は設けられていない。このような秘密の公開の延長上に、後述する仏典の電子化の問題も位置づけられる。

他方、真言宗内を見わたすと、すでに多くが公開されているにも関わらず、「秘密」という観念のみが残ることにより、また別の弊害を生み出しているように思われる。たとえば、子弟養成の場において、秘密を理由に『大日経』『大日経疏』具縁品以下、『発菩提心論』や空海著作の不読段を除外しつづけたことにより、いつしか伝統的学びや理解が廃れたようであり危惧される。

今後、真言宗において、各種の仏典の電子化が進むことを念頭に、何のための秘密であり、堅持すべき秘密は何であるかを改めて精査することが必須であり、それを協議する場を設けることが重要になってくるであろう。

③仏典の電子化と真言宗

仏教は、釈尊の覚りを原点とし、まず口伝、後に経軌としてまとめられ様々な国々・地域に伝播し、それぞれの言葉に翻訳された。日本には、中国・朝鮮から漢訳の仏典がもたらされ、当初は書写によって、江戸期には木版が作られ、明治期には活版印刷へと移行し、多くの仏書が刊行された。明治以降、仏教はラジオやテレビなどの新たなメディアと結びつき、現代では仏典が電子化され、インターネットとの結びつきを強めている。

近年では、前述の『大正新脩大蔵経』にもとづきデジタル大蔵経の一大事業が進められており、その代表として、SAT大蔵経テキストデータベース、台北の中華電子佛典協會（CBETA）

といったプロジェクトの名を挙げることができる。また寺院に秘蔵されてきた聖教が撮影され、その画像データがアーカイブ化されて公開されることが増えてきている。これらは、前述の明治期における秘密の公開の延長上に位置する傾向といえるであろう。デジタル大蔵経には、真言宗において初心者（＝未灌頂者）が読むことを禁じた『理趣釈経』や『大日経』具縁品なども含まれており、インターネットを介して誰でも、いつでも閲覧可能となっているのが現状である。

このような状況は、密教本来の「師が弟子の力量を見きわめて授ける」という原則が完全に欠如しており、誤読や誤伝を招く可能性もあり問題である。真言宗では、事相などにまつわる秘密性から、仏典の電子化に対して否定的な考えをもつ者もすくなからずいるかもしれない。

その一方、デジタル大蔵経などの電子化には、資料原本の保護、資料情報の保存、また広く社会に仏典に親しむ機会を提供するなどのメリットがあり、さらに各宗の教義・実践について、精練・補足する役割も担ってきた。デジタル大蔵経は、いわば「経軌為本」の延長上に位置するものであり、仏陀の覚りに由来する新たな副産物ともいえる。仏陀の覚りに至る方法として経軌は重要なのであり、その方法をよりいっそう精練するものとして、デジタル大蔵経などが果たす役割は大きいものと考えられる。

筆者が所属する真言宗智山派の研究機関「智山伝法院《ちさんでんぽういん》」では、近年、真言宗の伝統を土台に、近代仏教学の手法、さらに電子化された仏典などを活用し、真言密教の事相・教相の根底にある原初イメージを探求するプロジェクトに取り組んでいる。その手始めが、常用読誦される真言・

陀羅尼をテーマとするものであり、それは下記の書物として結実した。
『智山の真言①―常用経典における真言の解説―』（智山伝法院選書一五）
『智山の真言②―金剛界念誦次第《こんごうかいねんじゅしだい》における真言の解説―』（智山伝法院選書一六）
『智山の真言③―胎蔵界念誦次第《たいぞうかいねんじゅしだい》における真言の解説―』（智山伝法院選書一七）
このうち筆者は、『智山の真言②』の編集主任を勤めたが、出版に向けての研究会を重ねる中で、インド・チベット・中国などの情報を加えることにより、日本の伝統的行法・観法にいっそうの深みと瑞々しさを与え、ある程度、原初イメージの復元に成功したように思っている。このような試みは、伝統を活性化させる一つの手法であり、事相と教相の再統合、あるいは相互補完させるための新しい形であると考えている。仏典の電子化には、一定のリスクを含むが、それは扱う人間次第である。それ以上に、仏典の電子化には、伝統を活性化させ、新たな宗学を創造するための、必須の道具になるものと考えられる。

四　結びにかえて

かつて行われた伝統的宗学とは、反復や師の模倣、その成果としての論義法会とによって培われてきたものであった。しかし、明治期以降、近代仏教学が導入され、子弟養成の場が大学に移行するなどにより、宗学の枠組みは大きく変遷してきた。

近代仏教学の要素を除いて、伝統的宗学に回帰するべきとのノスタルジックな思考にも陥りがちであるが、それは一種の幻想であり、復古にはあまり意味がないように思われる。確かに伝統は、権威を保証するものであり、既成教団にとっての生命線ともいえるが、完全なものではなく、多くの誤謬や不足を含んでいる。伝統を理想化して固執し、そこに胡坐をかくならば、いつしか宗団から弾力性や瑞々しさを喪失することになるであろう。

一方、近代仏教学は、その批判性・客観性により伝統や信仰を解体してきた過去もあったが、その反面、形骸化した伝統を活性化させ、事相・教相の内実を深めるものとして機能する可能性を秘めている。重要なことは、それぞれのもつ良い部分をいかに組み合わせるかであろう。

真言宗の歴史を顧みると、事相・教相、口伝と経軌、さらに伝統的宗学と近代仏教学などと、その優劣が競われてきたが、もっとも重要なのは「仏陀の覚り」であり、我々がその覚りにいかに接近し、追体験するかにある。真言宗ならば、いかに宗是とする「即身成仏」を自らの実感の中で確認し、成就するかが重要になってくるはずである。その目的の達成のために、伝統と革新、合理と非合理（行体験や呪術など）などにこだわらず、あらゆる方法を駆使するというのが、密教らしいやり方とも言えるのではないか。

伝統は固持しようとしても、人が関わるかぎり変化を避けられないものであり、そのことを意識しなければ、すぐに劣化し形骸化を招くものである。我々は、過去との連続性を意識しながらも、たえず伝統を検証し、適切な形へ調整し、誰しもが納得するものへと創造し、次世代へ継承しなければならない。

そのためには、事相・教相を担う者が、それぞれの主張から一歩引き、堅持すべき伝統と改めるべき伝統とを共に吟味し、より高い次元で事相・教相を連携させる方策を練りあげることが重要であろう。そのためには、事相家と教相家とが視点や情報を共有し、自由に話し合えるプラットフォーム作りが今後、重要になると考えられる。

また本稿では宗学を主題としたが、あわせて考慮すべきは、それを扱う人間自体の問題であり、とくに師のあり方が重要であると思われる。前の『理趣釈経』で触れたように、真言密教の本質は、師の人格に宿るものであり、それは心から心へと、弟子に受け継がれるものである。まさに恵果《けいか》から空海への相承は、その理想を示すものであろう。そこには余計な言葉もなく、カリキュラムも必要なく、ただ師と弟子の絶対的な信頼関係こそが重要になってくるのである。

現代における子弟養成では、父親が師僧になり、事相は本山の阿闍梨から、教相は大学の教員から学ぶという分業体制の学びになっており、子弟の立場からすれば、そこに絶対的な師の姿が見えない。このような師の穴を埋め、いかに総合的な師の姿を再構築していくかも、あわせて考えるべきと思われる。


〈参考文献〉

阿部貴子「真言僧侶たちの近代—明治末期の『新仏教』と『六大新報』から—」『現代密教』二

三、二〇一二年。
――「明治期における真言宗の教育カリキュラム―普通学の導入をめぐって―」『現代密教』二四、二〇一三年。

阿部宏貴「近代日本の仏教教団における「教学」―その用例と「教師」―」『現代密教』二六、二〇一五年。

大谷栄一・吉永進一・近藤俊太郎編『近代仏教スタディーズ―仏教からみたもうひとつの近代―』法藏館、二〇一六年。

勝又俊教『真言の教学―大疏百条第三重の研究―』国書刊行会、一九八一年。

佐々木大樹「『菩提心論』の不読段に関する一考察」『現代密教』二七、二〇一六年。

佐藤隆彦他「教学再考〜私たちはいかにして法を伝えていくか〜」『現代密教』二六、二〇一五年。

智山専門学校『智山専門学校史』智山専門学校史刊行会、一九九二年。

――『石神井の思い出』智山専門学校史刊行会、一九九二年。

智山伝法院『智山の論義―伝法大会と冬報恩講―』（智山伝法院選書一一）智山伝法院、二〇〇五年。

栂尾祥雲「宗学制度史考」（『六大新報』三三九号以降連載）六大新報社、一九一〇年。

――『日本密教学道史』高野山大学、一九四二年。

富田斅純『秘密辞林』加持世界支社、一九一一年。

福田亮成・山口幸照・山本匠一郎編『新義真言宗の歴史と思想』ノンブル社、二〇〇七年。

松長有慶「教学再考―真言密教の伝統と創造―」『現代密教』二八、二〇一七年。

宮坂宥勝「智山教学について―序説―」『現代密教』九、一九九六年。

山本隆信「伝統的な『大日経』研究とは何か―本宗における『大日経』講伝開筵に向けて―」『現代密教』二七、二〇一六年。

宗学をいかに学ぶか——素読の意義

山本匠一郎

一　はじめに

伝統仏教教団において僧侶となる方法には、大きくは二つある。一つには大学で所定の教育課程を履修しながら本山で研修と行位を修める方法と、二つには本山での僧堂生活で課目を履修し行位を修める方法である。大学には宗立系大学と一般大学がある。本山では勤行・清掃・諸行事に参加しながら行位を修める。その学ぶべき内容は異なるが、どちらも所定の行位（真言宗であれば得度・加行・灌頂など）を修めなければならない。

伝統的な僧侶の学問は、宗学といわれ、近代日本の国民教育体制が整備されるなかで、宗学は大きな変容をこうむり、僧侶の学問は変質していった。本山の有力な学問寺は、近代の学制が総合的な教養科目として整備されていく過程で、宗立系大学へと変貌したり、あるいは分離したりしていったといえる。

宗学を広い意味で捉えれば、仏と人間存在に関する学際的な研究を踏まえた、あらゆる学問的な営為を宗学と呼ぶこともできよう。だが、千年以上営まれてきた狭義の宗学としての伝統宗学とは、祖典をはじめとする聖教・経典儀軌や、外典といわれる儒教・道教の諸典籍や、さらには軍記・伝記・説話文学などにいたるまでを、素読・暗誦し、注釈とともに読解していく、きわめて文献学的な作業である。わが宗では那須政隆（一八九四～一九八七）猊下が伝統宗学の最後の継承者といわれるように、その命脈はほとんど途絶えてしまっている。もはや伝統宗学は、本山の書庫や大学の図書館に収蔵されている古文献のなかにしか見いだすことができない状況といってよい。宗立系大学では、各宗で所依とされる聖典や、祖典を学ぶ講座はたしかに存するが、伝統宗学を学ぶ機会は、大学においても、本山においても、すでに失われてしまって久しい。では、近代以前の僧侶が伝統的に学んできた宗学とは、いったいどのような内容を持ち、学僧たちはどのようにして学んでいたかを見てみたい。

二　日本古代の大学

若き空海が、いかなる方法で仏教を学んだかは、あまりわかっていない。空海は仏教を学ぶ以前、十代の青年期に、国家の最高学府である大学寮に入学し、明経科（儒学科・明経道）で学んだ。しかし、いつしかドロップアウトして、山林修行者の群れに加わったと伝わっている。

空海が学んだ大学寮とは、日本古代の学校であり、律令官吏の養成機関として六七〇年に創設された。朝鮮・中国の学制を模倣したものとされ、当初、入学者の多くは百済系渡来人であった。平安初期頃の学科は明経科のほか、数学科（算道）、法律学科（明法道）、文学科（紀伝道）がある。入学試験はないが、「聡令なもの」という規定が設けられており、学生の主体は五位以上の貴族の子弟に限られていた。大学寮は式部省が管轄し、事務官・教官・学生から構成される。またさらに国が定めた大学寮以外に、「別曹」という大学寮の付属機関があり、私塾、私学、国ごとに設置された国学などがあったが、それらは大学寮の補助機関的な存在であった。

令《りょう》（巻第四「学令《がくりょう》」五、六）の規定によれば、大学寮における就学期間は九年間であり、明経科の教化内容は、教科書として『周易』鄭玄・王弼注、『尚書』孔安国・鄭玄注、『周礼』『儀礼』『礼記』『毛詩』鄭玄注、『春秋左氏伝』服虔・杜預注、『孝経』孔安国・鄭玄注、『論語』鄭玄・何晏注などがある。その立場は、徹底した儒教主義である。大学の出題に、儒教・仏教・道教の三者を比較して、儒教の優位を主張する問題が残っているほどであり、ひいては反仏教主義の立場をとる。授業形式は、典型的な詰め込み教育であり、素読指導、内容の教授、暗誦が主であった。

すなわち大学寮の基本的な性格として三点があげられる。一つは、教科内容が儒教に偏重していること、二つは律令官人養成のための公教育であるということ、三つは、素読を中心とする学習法をとるということである。

三　空海が構想した教育制度――綜芸種智院式

八二八年に空海が開校した綜芸種智院は、日本初の庶民教育の学校としてよく知られている。近年、綜芸種智院は実際には開校されなかったとする説もあり、その根拠として実慧《じちえ》（七八六～八四七）が記した「実慧奏状」（『平安遺文』七七号文書）に「宿心未だ畢らず」という言葉があり、これは空海の私学設立構想が失敗したことを暗示するものだという主張である。だが、同じく実慧が記した「東寺伝法会表白」には「宿心既に畢りて和尚奄化す」（『官符等編年雑集』弘法大師全集五・四七七）とまったく反対の言葉が見られる。少なくとも土地・校舎があり、空海自身が記した勧進の書でもある「綜芸種智院式」（『性霊集』巻第一〇、定本弘法大師全集八・一八六）が、その校則・運営方針を伝えているから、空海がどのような教育プランを抱いていたかをうかがうことはできる。

まず綜芸種智院の設立目的は、儒・仏・道の三教《さんごう》を学ぶ学院をつくるという点にある。つまり儒教の教授をベースとして、さらに加えて道教・仏教も伝授することを大きな特徴としていた。しばしば空海は大学をドロップアウトしたと言われて、まるでアカデミズムを否定した実践者であるかのように言われるが、そうしたイメージはおよそ違うと思われる。その内実は、基礎的な教養と学問的な修練を身につけたうえでの、仏道修行であった。また綜芸種智院は、貴賤貧富を問わず、民衆に門戸を開放した庶民教育の学校とされるが、民衆子弟の入学を期待したものとはいえ、天皇や名門貴族といった国家的な支援を受けて成立した私塾であったから、基礎的な学習能力や意欲の高い、貴族の子弟や上層庶民が対象であったと考えられる。

では、肝心の教育法については、どうであったのであろうか。その具体的な内容はまったくわからない。ただ空海は私塾の開校にあたって、大学寮における学問や、吉備真備の二教院《じきょういん》、石上宅嗣の芸亭院《うんていいん》といった私塾の学問について言及しているから、これらの教育機関で行われていた学習モデルを念頭に置いていたであろうことは推測できる。また「綜芸種智院式」では、儒教(俗)の学問を基礎学として重視し「俗の博士教授の事」として、「若しは音、若しは訓、或いは句読、或いは通義、一部一帙、瞳矇を発くに堪えたらん者は住すべし」と定めて、大学寮で行われる音訓・句読等の素読指導、内容の教授を学習項目としてあげているから、おそらく大学寮で行われていた素読を中心とした学習教育法をほぼ踏襲したものであったと考えられる。

四　空海以後における僧侶の学問

空海以後の平安期の真言宗における学業は、三業度人と伝法会が中心となった。空海は最晩年の八三五年に、真言宗に三人の年分度者を置くことを奏上し勅許された。これを三業度人の制といい、金剛頂業・胎蔵業・声明業に各一人ずつの得度を許して学業を修める制度である(『拾遺雑集』定本弘法大師全集八・二四三)。学課として、金剛頂業は『守護国界主陀羅尼経』、胎蔵業は『六波羅蜜経』が課され、両者とも十八道という行法次第を修することと、『礼懺経』『菩提心論』『釈摩訶衍論』を兼学することが定められた。声明業の学課は、梵字真言、『大仏頂陀羅尼』『大随求陀羅尼』『大孔雀明王経』であった。毎年、課試(テスト)が行われ、各業の受験者に、それぞれ十題の問答(文義十條)が出され、十條のうち五つ以上に通じた者を及第として得度授戒させ、以後六年間、東寺に籠山して国家の奉為《おんため》に三密の法門を修行させることが定められた。

ちなみに大学寮におけるテストも、年度末に学生に課される。「学令」の規定によれば、「年の終《おわりごと》毎に、大学の頭《かみ》、助《すけ》、国司《こくし》の芸業優長ならむ者《ひと》試みよ。試みむ者、一年に受けたらむ所の業を通計して、大義八条問え。六以上得たらば上と為《せ》よ。四以上得たらば中と為よ。三以下得たらば下と為よ」(「学令」八)とある。受験者は、一年間に受ける受験を通じて八題出される問答のうち、その成績のいかんによって上中下に評定される。またさらに進んで国家に出仕する者には「大義十条」が課され、八問解答した者は太政官に送られた。仏教の年分度者の制度は、こうした儒教の進士のモデルを踏襲したものであろう。

綜芸種智院は、空海が没してわずか十年後の八四五年、実慧によって、東寺の伝法会《でんぼうえ》の料(教学振興費)に充当することを目的として売却された。伝法会とは、三月と十月の春秋二季に金剛頂業・胎蔵業・声明業の三業の修練を集中して行う法会であり、真言宗所依の経典論疏を講演し談義を行う。時代的、内容的に紆余曲折あれど、古義・新義の真言宗で現在も行われる法要である。

伝法会は、綜芸種智院の売却によって始まったが、なぜその売却によって、いわば代替的に伝法会が開筵されるようになったのであろうか。その所以を考えれば、おそらく伝法会は、大学寮で行われていた重要な行事である釈奠《せきてん》に相当するものとして始められたのではないだろうか。釈奠とは、春秋二季（二月と八月）に教官・学生・事務官その他が参列して催される大学寮の行事で、大学寮内の廟で、孔子とその弟子たちに供物を捧げ、ついで講論・作詩・論義を行う典礼である。この釈奠に相当する行事として、伝法会を真言宗独自で開催することによって、真言宗は儒学と仏道の併修から解放されて、三業に特化することができるようになったとも考えられる。

このように空海から始まって、歴史的にその起点において真言宗は、大学寮の制度を踏襲したり、代替モデルとして参照したりしていた形跡がある。僧侶の教育の基本的な枠組みは、大学寮および学令をモデルにした、その仏教版であったといえよう。基本的に仏教も、儒教と同様に聖典の学問であり、素読・暗誦によって学習することが第一義である。徹底した素読という学習法、これこそが宗学の実態であると考える。

五　素読に伴う文献読解法――四声点

近代以前の宗学と、その学習の内容とは、徹底した漢文の素読であった。それは空海自らが経験していることである。その教授法は、大学寮で行われていた学習方法を踏襲するものであった。当時の大学寮で行われていた学習のあり方は、徹底した漢文の素読指導で典型的な詰め込み教育であった。

儒教文献にせよ、仏教文献にせよ、中国語・漢文を日本語として正確に訳読するに当たり、日本人はさまざまな符号・加点によって読解しようと努めた。だいたい奈良時代の末には、もう今日の漢文訓読法に近い訳し方が成立していたとされる。まず訓（字訓）と音（字音）の判読をして、さらに字音を音楽的なアクセント・声調にしたがって読む。漢語の声調には平声《ひょうしょう》・上声《じょうしょう》・去声《きょしょう》・入声《にっしょう》の四つの区別があり、これを「四声《しせい》」という。それぞれの音調は、平声は平らかで抑揚がない→型、上声は上がる↗型、去声は下がる↘型、入声は語尾が-p、-t、-kで終わる、-ク、-ツ、-キなどのつまる短い音であったろうとされる。

この四声を表記するために、たとえば真言宗の初学者用の基礎文献である『十巻章《じっかんじょう》』（高野山大学版）では、文字の四隅、周囲に小さな丸記号が付けられている。これを四声点といい、清音は「○」（第一図）、濁音（本濁）は「○○」（第二図）で表記される。一般的には清音で読むところを音便などによって慣用的に濁音で読む場合（これを新濁という）は「○○」（第三図）で表記される。また文字の下部中央に付される点を「フ入声」といい、「法師《ほふし》」のように入声でありながら発音上はフ（ウ）と読む字である。これも清・濁・新濁の三種がある。また平声と入声には軽い声調がある。都合十七通りである。

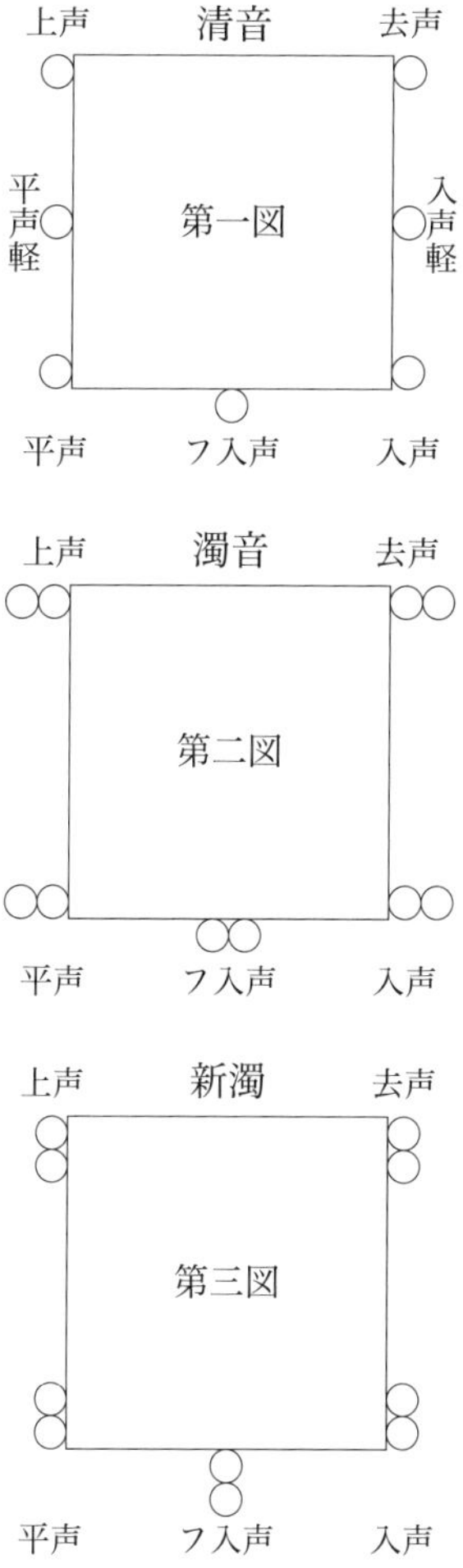

音読する文字にはほぼすべて四声点が付され、さらに返り点・送り仮名・振り仮名等が付される。『十巻章』の素読を「声読《しょうよ》み」といい、読曲《よみくせ》、師伝があって、南山《なんざん》（高野山）読み、根嶺《こんれい》（根来寺）読みの区別がある。

六　素読に伴う文献読解法——訓点

四声点は、すでに中国大陸で用いられていたものであるが、日本独自の展開を遂げたものに乎古止（ヲコト）点がある。乎古止点とは、漢文を読み下しする際に「テニヲハ」等の助詞を指示する補助記号のことである。奈良時代末期に法相宗や華厳宗の僧侶が使用し始めたとされる。宗派や学統によってその形式に違いがあり、時代的にいろいろな変遷があった。天台宗系は宝幢院点、西墓点、真言宗系は東大寺点、円堂点、中院僧正点、法相宗系は喜多院点を用いるといった傾向があるが、寺院間の交流や師資相承によってさまざまなケースがあって、約二百種類のパターンがあると言われる。こうした訓点資料は、現存するものとしては平安初・中期から現れ、振り仮名声点の初出は、真言宗石山寺蔵の『真実摂経』(八八六年)、『金剛頂蓮華部心念誦儀軌』(八八九年)であり、西墓点の最古の訓点資料は京都大学図書館蔵の『蘇悉地経』(九〇九年)である。乎古止点を簡単に図示したものを点図といい、この四隅の点によってテニヲハが指示され、第一図の博士家点の右肩の二つの点が「ヲコト」であるので乎古止点という。それぞれ図示すると次頁の図のようである(築島裕「漢文の古訓点について」『築島裕著作集 第一巻』汲古書院、二〇一四年、五七―五八頁)。

僧侶がこうした訓点を使い始めた理由は、聖教を正確に読むと同時に、貴重な書物を汚したり傷つけたりすることなく、書き込みをあまり目立たせないよう、かつできるだけ簡略化するためであった。こうした簡略化によって、片仮名が生まれ、音韻が整理されて五十音が成立したと考えられている。現在ではごくあたりまえに用いる濁音表記であるが、平安中期までは濁音仮名(例…ガ↓我、ザ↓坐、ダ↓駄)を用いており、濁点によって示すようになったのはおよそ一〇〇〇年頃からとされ、和訓濁点の初見は、東寺観智院金剛蔵の『大日経広大成就儀軌』(一〇五九年）とされる。主として密教文献にこうした訓点資料が多い理由は、真言陀羅尼を正確に発音するために用いられたとも考えられており、とくに密教僧は書写と加点に心血を注いで研究していた。聖教に加点したテキストを点本という。時代を越えて聖教を伝持していった僧侶たちが、原本に加点・移点・改点などの作業を施して、聖教を厳密に読もうとした努力をうかがうことができる。寺院聖教に伝存された点本を繙くと、先学たちは聖教を一字一句、誤りなく読む作業に膨大な労力を注ぎ、さまざまな工夫を重ねていたことが、中田祝夫氏、馬渕和夫氏、築島裕氏をはじめとする多くの国語・国文学者の訓点資料研究の成果によって知られる。

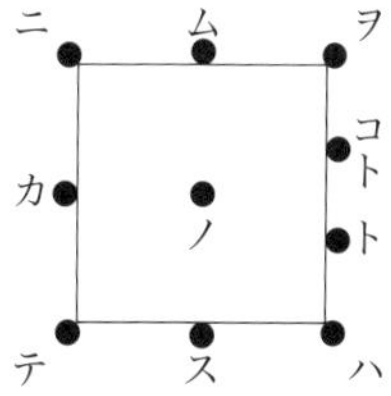

第一図（博士家点）

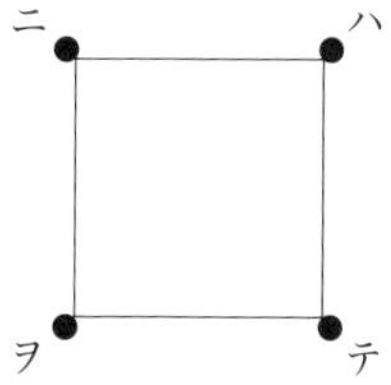

第二図（喜多院点）

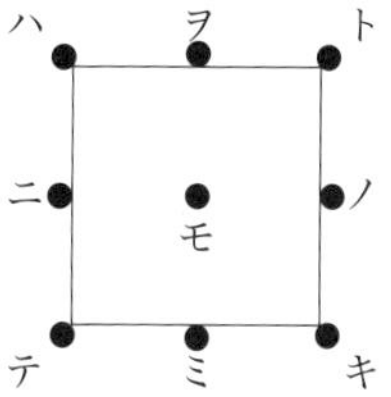

第三図（東大寺三論宗点）

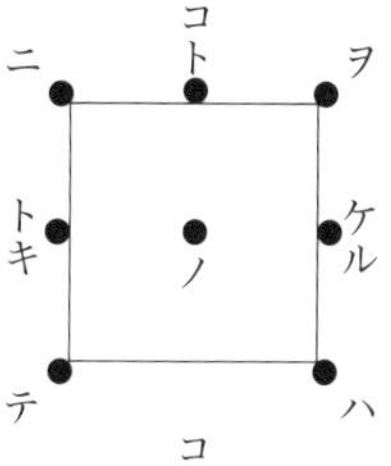

第四図（円堂点）

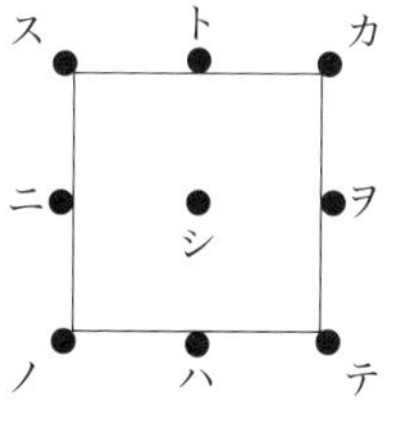

第五図（宝幢院点）

七　素読に伴う文献読解法——末釈

古代から近世の学匠たちは、こうした点本を底本的なテキストとして、厳密に意義を規定しながら読解して注釈を作成していった。そうした注釈類を総称して末釈という。この末釈中にはしばしば「点云」（点に云く、点じて云く、点〔本〕に云く）、「文点云」（文点に云く、文を点じて云く）、という用語が出てくる。この用語の後に経論の本文が引用されて、その訓読と解釈が示される、注釈技法である。経文を訓点によって、どこで句読点を付して、どのように読むかということは、瑣末な事柄のように思われるが、ときに大きな問題となる。鎌倉時代に新義真言教学の基礎を築いた頼瑜《らいゆ》（一二二六～一三〇四）は、こうしたテキスト注釈技法をよく用いており、その著作『大日経疏指心鈔』（一二六一年）（大正蔵五九・五九四中—下）に頻出する。そもそも『大日経疏』（大正蔵三九・五八〇上）に「次に如来と云うは、仏の加持身、其の所住の処にして、仏の受用身と名づく」とある一文の意味が取りにくいのであるが、頼瑜はこの一文を点本に依拠して「仏の加持身なり」と句を切って読んで解釈することで、加持身説法説を提唱し、この解釈が新義派と古義派の教学を根本的に分立させることになった。また『大日経疏指心鈔』では「中川点云」「中川点本云」「実範点云」「実範点本云」「古点云」等という文言が見られるから、頼瑜は、勧修《かじゅう》寺《じ》中川《なかのかわ》実範《じっぱん》（一一四四頃）の点本や他の古訓点資料を参照しながら『大日経疏』を注釈していることがわかる。頼瑜が使用した点本が残っていないので不明という他ないが、各種の点本や経論疏・末釈を参照しながら、自分自身の注釈ノートを作成していく作業こそ、歴代の学僧たちに通ずる学問的営為であった。

また『十巻章』の素読には、南山・根嶺の読曲《よみくせ》があるが、こうした読曲がなぜ生じたのか、また読みが異なるとして意味はどうなるのかは、もはやそのように伝わっているということが知られるだけで、ほとんどわかっていない。だが、この読曲は末釈に由来しているケースがある。たとえば『菩提心論』に「於是印成法界体性中流出四仏也」という一文があって、これを南山では「是《ここ》に印成《いんじょう》せる法界体性《ほっかいたいしょう》の中より四仏を流出《るしゅつ》す」と訓読するが、根嶺では「是《ここ》に印より成《じょう》ずる法《ほっ》界体性《かいたいしょう》の中より四仏を流出《るしゅつ》す」と読むのが習いである。この読曲は頼瑜『菩提心論初心鈔』(『日本大蔵経』第四八巻・論蔵部・真言密教論章疏五・一二〇頁上段)の次の解釈に由来する。

> 文点に云く、法界体性中より四仏を流出せる印成なり云云と。私に云く、印とは印契なり。先に四仏は四波を生ぜり。四波は十六大菩薩の聖賢を生ずる義を宣べ畢んぬ。今還って五仏の能生を明かすなり。意は、四仏は大日自り生ず。大日は印自り生ず云云。点に云く、印より成ずる法界体性智より四仏を流出す云云。或いは本有成仏の義を印成と云うか。

頼瑜はこの一文をもって、大日如来が印契より生ずること、さらに「本有成仏」という重要な意義を見いだしていることが知られる。これはほんの一例にすぎないが、単に読曲として流してしまうような箇所も、末釈にまでさかのぼって調べることによって、読曲の根拠を知り、さらに教義を深めていくことができる。

八　幼童の稽古

宗学の実態は素読であり、素読の内実は加点による訓読法である。僧侶には所依の経論・祖典の学習のみならず、多くの教養が必要とされた。真言僧侶の幼童期の学問の実態や、典籍習得法がどのようであったのか、従来不明な点が多かったが、高橋秀城氏の研究によって、室町時代末期の史料『連々令稽古双紙以下之事《れんれんにけいこせしむるそうしいげのこと》』（東大史料編纂所蔵）という真言僧侶の修学目録が注目され、その実態が浮かび上がってきた。その目録中には、幼童に稽古させる文献として伝記・説話・軍記・御伽草子・縁起類にいたるまでが列挙されており、僧侶は幼少の頃からさまざまな書物を渉猟し、幅広い知識を習得していたことがわかる。高橋氏がそれをジャンルごとに類別して挙げているので見てみよう。

説話　弘法大師縁起・伝記・行状・真言伝・法華験記・地蔵験記・沙石集・十訓抄・三宝絵詞・聖財集
伝記　教養抄・明恵伝・愚童記・太子伝
軍記　明徳記・保元平治・平家・境合戦・太平記
寺誌　東宝記

縁起　善光寺縁起・北野天神縁起・石清水縁起・毘舎門縁起・山王縁起

絵巻　七天狗・壬生縁起・光明真言縁起

往来物　実語教・童子教・庭訓・御式條・釈氏往来・新札・遊覚・十二月往来・新猿楽記

御伽草子　長物語・非情成仏絵・玉藻・伏屋・村松・精進魚類・地獄極楽・十王讃歎・恵心双紙・塵滴問答・目蓮双紙

歌謡　朗詠

経典　心経・錫杖・観音経・寿量品・提婆品・阿弥陀経・舎利礼

空海　秘鍵・即身義・声字義・吽字義・三教指帰・宝鑰・二教論・付法伝・金剛頂経開題・性霊集

密教書　菩提心論・要文・字記・釈論

中国典籍　孝経・琵琶引・長恨歌　**中国典籍（四書）**　論語・大学

不明　月光殿・和光殿・六字一義・老祢覚・業識図・因果業鏡・国阿

講式　地蔵講・同式（舎利式）・光明講・舎利講・同式（舎利式）・同式（舎利式別作）・舎利講・八幡講・天神講・不動講・清瀧講・往生講・大師講・弁才天講・十一面講・権現講・丹生講式・十禅寺講・聖天講・大黒講・滅罪講・涅槃講・遺跡講・仏性講・愛染講・太子講・阿弥陀講・毘舎門講

このように百を越す典籍が列挙される。高橋氏は「こうした幼童期の学問は、出家後に行った民衆教化の唱導のために必須の教養であったと思われる」と述べている。僧侶が学習する幅広い知識は、仏事法会での願文・諷誦文・表白・知識文などを作成する際に援用された。その多くが知己・良友から代筆を依頼されて草したものが多く、一座の法要に際して知識・教養に乏しい庶民層にも伝わるよう、心魂を練って文章を作成した僧侶の姿が浮かんでくる。法会を通じて供養を行い、説教を行うことで民衆の心を慰撫したのである。こうした草文類は唱導文学となって、『平家物語』に代表される多くの物語・軍記・文学に強い影響を与えたとされる。

中世に寺社勢力がいよいよ大きくなっていく過程で、時代の要請としてリテラシーが重要になっていく。寺院の拡充とともに法会中心主義とでもいうべき趨勢が寺院社会に生まれ、仏事法会・講会が活発化することによって、より多くの法要に参加することが僧侶の栄達の道を拓くことにもなる。いわゆる文筆家としての資質が、仏教界で必須の能力として重用される。僧侶には、法会に用いる願文・諷誦文等の草文類を作成する能力が重要視され、学才・文才を磨くことによって各種の法会に参加する機会が増え、僧侶の階位も上がっていく。法会の導師を勤めるには、法会毎に願文・諷誦文等を作成しなければならず、そこでもっとも活用されるのは、リテラシーであり、各種草文のテンプレートである。事相・教相に加えて、作文という実用的な領域は、僧侶が大いに注力した分野であり、彼らが身につけた学問の発露が、そこに表現される。僧侶は幼少の頃からあらゆるジャンルの書物を渉猟し、幅広い知識を習得していた。そしてその教養は幼童期のみならず、その後の僧侶としての全人生に関わっていたと言える。

九　宗学の営為――保存と伝承

中世・近世を通じて、聖教の書写、テキストの開板が本寺を中心とした場で行われる。中世的な法流の連なりが、近世的な寺院の本末関係の背景となり、近世の徳川幕府以後の宗教統制下では、各宗派に法度が出され、本寺が末寺を統轄するシステムがいっそう強化され、法流相承によって本末関係が結ばれた。中世の寺院は、その寺に住む僧の資質によって多分にその性格が左右されたが、近世の寺院は教団に所属し、寺院はすべてその宗の法度・宗団の定・制度・寺法に従って僧を配置した。檀家制度における寺院の実態は、幕府が定める寺院法度のもとで、大寺の下に小寺院が本末関係を結んで組織化されたものであって、それが現代にまで至っている。その仏教統制システムのもとで、僧侶はひたすら学問に励み、総本山と地方檀林において僧侶が学ぶ期間が、真言宗智山派に限って言えば、二十年と定められ、それだけの長きにわたる就学期間を経なければ、法幢を立ててはならぬとされた。

昔から「読書百遍、意自ずから通ず」といわれて、古代から近世まで、長きにわたって行われてきた素読の伝統であるが、すでに真言宗智山派では素読を学び伝えていく機会がなく、文献を通じてしかそれらの知的伝統を紡いでいくことができない状況である。伝統宗学はその意味で危殆に瀕し、絶滅しつつある。あるいはすでに本山や大学の書庫の中にしか残されていない、とさえ言えるかもしれない。これは仏教各宗においてもほぼ同じ状況であろうと思われる。

我々はなぜ、千年以上にわたる宗学の営為を、近代になって放りなげてしまったのであろうか。幼童の稽古として、幼い頃から学僧たちがひたすら打ち込んできた素読による学問は、現代において、もはや廃れて顧みられなくなってしまった。だから素読を復活すべきだなどと主張しているのではない。先人たちが培ってきた素読の意義を、あらためて考えなおしてみれば、素読とは聖教を正確に読む訓練であり、それが総体として宗学の営為となり、聖教を保存、伝承してきたことが知られるのである。

現在、仏教学の分野で着実に進行している研究事業は、膨大な仏教文献の電子化や、寺院聖教の地道な調査であるといえる。この基礎的な研究の積み重ねによって、先人たちの知的財産は保存管理されている。聖教を電子情報化したり、古文書を撮影したり、防虫箱内に保存したりすることをもって、宗学を伝承するものとは言いがたいかもしれない。だが、そうした学術作業はそもそもの宗学の目的である、聖教を厳密に伝承し永続化するための基礎である。一見無味乾燥にも思える素読や、訓点による読解や、末釈の作成といった学問的営為こそが宗学の伝統であり、先人たちが血道をあげて継承してきた伝法の営みに他ならない。すでに失われてしまって久しい伝統宗学であるが、保存と伝承という観点において、宗学は現代の学術研究においても継続中であるから、それは形を変えた「現代宗学」とでもよぶべきものであろう。だがこの現代宗学の知的財産を、我々はじゅうぶんに活用し咀嚼する術を見いだすことがまだできていない。

仏教を学ぶ研究者は、信仰心や宗教的な傾倒心が欠けがちである。その一方、信仰者や実践家は、学問をじゅうぶんに咀嚼できない。ひたすら文献に打ち込むことを通じて信仰心を深めていった先人の研究方法は、もはや現代人にとって適合するものとはなりえない。近代以降、学問と修行との分離、教相と事相の二分化、教と信との乖離という問題状況は、さらに顕著になっており、仏教界全体にわたっている断層である。その断層に架橋する役目を果たす現代の唱導者が必要なのであろう。

〈参考文献〉


大沢聖寛・栗山秀純編著『小田慈舟大僧正伝授「十巻章」素読解説』北辰堂、一九九六年。

高橋秀城「幼童の稽古―東京大学史料編纂所蔵『連々令稽古双紙以下之事』にみる文学書・付影印―」『智山学報』第五六輯（『福田亮成先生古稀記念 密教理趣の宇宙』、智山勧学会）、二〇〇七年。

武内孝善『空海伝の研究―後半生の軌跡と思想―』吉川弘文館、二〇一五年。

築島裕『築島裕著作集　第一巻　訓點本論考拾遺』汲古書院、二〇一四年。

久木幸男・小山田和夫編『論集　空海と綜芸種智院―弘法大師の教育―』思文閣出版、一九八四年。

久木幸男『日本古代学校の研究』玉川大学出版部、一九九〇年。

真宗大谷派における宗学の問い直し
――大谷大学の真宗学の名称をめぐって

藤原　智

一　はじめに

近年の人文学、仏教学の研究のあり方は、大きな変容を遂げた。ＳＡＴ大蔵経テキストデータベースに代表される、デジタル化である。現代の仏教研究者で、その恩恵を蒙っていない者はほぼいない。このデジタル化の動きは今後ますます加速度的に進んでいくことであろう。しかし、すでに過渡期も終えたようにも思える現代において、次のような疑念が出ていることは注意すべきであろう。この指摘自体は日蓮（一二二二～一二八二）研究を代表させているが、もちろんそれに限るものではない。

今日ではコンピューターの発達によって、用語の検索など、文献を客観的に考察することが随分と容易になった。点々そのような外面的な考察は多く行われているが、日蓮の内面にまでふみこんで、本尊論とか、成仏論とか、仏身論などを考察する主体的な思想研究は非常に低調になってきている。日蓮文献の外面的・客観的な研究は、あくまで主体的に日蓮の思想を考察するための基礎学であることをここで強調しておきたい。（花野、二〇一六）

デジタル化による文献へのアクセス、検索の容易化が主体的研究の低調化に繋がっているのではないか。それはあくまで基礎学であり、その上で主体的考察がなされねばならない。花野充道によるこの指摘は、もしかすると過渡期の杞憂であって、いずれおのずと解消されるものかもしれない。また、人文学におけるデジタル化も、たんに「検索の容易化」といった点にのみ限定されるものでもないであろう。

ただ本稿ではこの花野の指摘を受けつつ、基礎学の手段は変遷しようとも、その上に立ってなされるべき主体的な仏教の学とはいったいいかなる学であるのかを考えたい。そしてそれを真宗大谷派における学問の問い直しの上に見ていきたい。それは逆に、宗派の護教的学問として花野が指摘する「悪しき主観的な考察」（前掲書）かもしれない。その反省は必要だが、日本においてはことに江戸期以降、宗派を抜きにして仏教は存在しなかった以上、その意義も考えられてしかるべきである。

二　真宗大谷派における宗学

真宗大谷派という教団は、平安・鎌倉期を生きた親鸞（一一七三〜一二六二）を宗祖とするが、「大谷派（東派）」という教団自体は一六〇二年の本願寺の東西分派によって成立したものである（教学研究所、二〇〇四）。そしてその学問の系譜も一様ではないが、教団の学問の中心となった学寮の始まりは十七世紀後半（伝説では一六六五年）であり、さらにそれが高倉学寮と呼称される近現代に直接する機構として整備されたのは一七五五年である。近代仏教学の黎明として大谷派から南条文雄（一八四九〜一九二七）・笠原研寿（一八五二〜一八八三）がイギリス・オックスフォードに派遣されるのが一八七六年。宗門大学である真宗大学（現：大谷大学）が東京に開設されるのが一九〇一年である。このように見るならば、大谷派の学問の歴史の三分の一程度は近代に属することになる。もちろん、親鸞の行った学問を考えれば、中世の天台宗比叡山の学問をも踏まえる必要があり、またそれ以降の親鸞門流の学問も重要な問題であろう。けれども「大谷派の学問」と限定するなら、たとえば天台宗や真言宗のそれと歴史の幅は大きく異なる。

ところで、日本の仏教の学問の歴史の中で、もっとも大きな転換点となるのは、おそらく明治近代における西洋の学問、とくに梵語学を中心としたいわゆる近代仏教学の受容であった。そしてその近代仏教学と何らかの意味で区別される宗派の学問という意味で、一般に「宗学」という言葉が使われていると言えよう。しかし大谷派においてはその「宗学」という言葉に、さらに一つの特殊な意味が付加されているように思える。大谷大学の学長を経験した二人の人物の発言を見よう。

徳川時代の古い伝統の宗学に対し、それと選ぶようにして、清沢満之先生に源流を見出す教学が、近代真宗教学というような表現で語られておりまして……（廣瀬、一九八三）
真宗教学は、江戸期に宗学として形成され、展開し、尨大な学の蓄積を今日に伝えている。その宗学が現在真宗学と呼ばれ、この名称は殆んど定着しているけれども……現在でも宗学と真宗学との異同が不分明であるとされ……（寺川、一九八一）

この二つの発言を見る限り、「宗学」と「真宗学」という二つの言葉が、連続しつつも質的差異があるように語られている。そしてそれは江戸期と近代以降で区切られているのである。こうして大谷派においては「仏教学」と「宗学」、そして「真宗学」という区別があるように感じられる。本来、そこに区別を設けるべきではないかもしれない。けれども、そこを確かめることによって、真宗大谷派、とくに大谷大学において仏教の学びがいかなるものとして問い直されてきたのかを知る手掛かりになるであろう。

話は前後するが、真宗大谷派における学問のあり方について、特に二〇〇〇年以降の現代において、宗門内外から様々な問題点が指摘されている。加来雄之はそれを大きく二つの批判にまとめる。

一つには実践的な問題、つまり近代教学と民衆との絶望的な乖離をどうするかという問いである。……もう一つは、近代教学は個の自覚という側面に偏りすぎてしまい、その結果、社会への眼差しを失ったのではないかという批判である。（加来、二〇〇四）

これらの批判は、真宗の学問が「社会」とか「民衆」に関わっていない、換言すれば机上の学問でしかないという指摘と言えようか。ここで加来は「近代教学」としているが、澤博勝が江戸期大谷派を代表する学僧香月院深励《こうがついんじんれい》（一七四九〜一八一七）を例にして、「本山学僧が末寺や門徒に期待した真宗教学と一般僧侶が日常に檀家らに説いた「教え」そのものがイコールではなかった」（澤、二〇〇八）と指摘することからすると、その問題性自体は近現代に限った話ではないかもしれない。それはともかく、その批判の裏にあるのは、仏教、とくに親鸞の思想・信仰はいわゆるアカデミックな学問とは質を異にするのだ、という意識であろう。

一九七四年、吉本隆明（一九二四〜二〇一二）は「最後の親鸞」において次のように述べている。

……わたしには親鸞の主著『教行信証』に、親鸞の思想が体系的にこめられているという考え方は、なかなか信じ難い。一般にこういう考え方の底に流れている〈知〉の処理法に、親鸞自身の思想が満足したかどうか、疑わしいとおもわれるからだ。……親鸞が、「そのまま」〈非知〉に向うじぶんの思想を、『教行信証』のような知識によって〈知〉に語りかける著書にこめたとは信じられない。（傍点原文、吉本、一九九九）

ここで吉本は、漢文で書かれた親鸞の主著『教行信証』には、実は親鸞の思想性は現れていないのではないかと指摘する。その是非は今は措いておくが、このとき吉本は次の親鸞（八十八歳）の手紙の言葉を提示する。

かまえて、学生沙汰せさせたまい候わで、往生をとげさせたまい候うべし。(『末灯鈔』第六通)

これと同時に、真宗大谷派・本願寺派で再興の祖とされる蓮如(一四一五〜一四九九)の手紙の次の言葉も、真宗と学問を考える上で、歴史的に影響力を持った重要なものと思われるので提示したい。

それ、八万の法蔵をしるというとも、後世をしらざる人を愚者とす。たとい一文不知の尼入道なりというとも、後世をしるを智者とすといえり(『御文』第五帖第二通)

ここで示されるのは「学生沙汰」「八万の法蔵をしる」という形での知の否定と、それと異なる「後世をしる」という知の在り方、親鸞の別の言葉を借りれば「信知」「証知」というような知の在り方である。こうして真宗の学問論においては、宗教的知の在り方への問いがつねに提起されることになる。

三　近代真宗教学の源流とされる清沢満之

(1) 明治期における学説の固定化という問題

さて、すでに見たように、大谷派において江戸期の学問としての「宗学」と、近代以降の「真宗学」という二つの言葉が区別されているようである。そこに何があったのか。

一九〇四年に「大谷派先輩学系略」を書いた住田智見（一八六八〜一九三八）は、そこで宗学の歴史を三期に区分する。一七一五年から一七八九年までの草創期、一七九〇年から一八五一年までの全盛期、そして一八五二年から一九〇四年までの、新生面を開拓する活気が減退せる学説の固定期という三期である（住田、一九二五）。

この区分は、現代においては検証し直される必要があるが、ともかく当時の学者により学説の固定期だと語られるただ中の一九〇一年、清沢満之（一八六三〜一九〇三）を初代学監として真宗大学は東京巣鴨に開校する。この清沢をもって、近代真宗教学の源流であると語られるのである。では清沢は学問についてどのように語っていたのか。

真宗大学東京設立以前、一八九六・九七年に清沢満之を中心とする有志により大谷派宗門改革運動が行われる。そこでは「一派従来の非教学的精神を転じて教学的精神と為し……」（「革新の要領」大谷大学、二〇〇三）という目的が語られた。彼らには、大谷派の体制が学問を行うような状況にないという危機感があった。この運動の中、彼らが発行する雑誌『教界時言』に学問論として「貫練会を論ず」という論考が発表される。「貫練会」とは、清沢ら改革派に対しての、守旧派の学者の集まりである。その貫練会の問題点を、この論考は次の四点で押さえる。

一、貫練会は現時真宗の徒にして宗義の改竄を企図する者ありとすること

一、貫練会は其所謂先輩の軌轍に合せざる宗学上の解釈を以て邪義不正義とせんとするもの

なること

一、貫練会は宗学上に於ける学者の見解に対し自ら真偽邪正を決判するを得とするものなること

一、貫練会は「同志を糾合」して其所謂邪義不正義を撲滅せんとするものなること

（大谷大学、二〇〇三）

こうして彼らは当時の宗学者の態度を、自ら真偽邪正を決判できると思い、先輩の学轍に合わない意見を邪義不正義として撲滅させようとするもの、とする。真宗の教義は江戸時代に確定したのであり、それを覚え、順守していくことが真宗の学問とされていたということであろう。そのような態度に対して、清沢ら改革派は学問の在り方について次のような意見を述べていく。

夫れ宗義と宗学とは截然其区別あり、決して混同すべきものに非ざるなり、宗義は宗祖の建立に係り宗学は末学の討究に成る、一は所釈の法門にして一は能釈の言句なり、故に宗義は一定不易ならざる可らずと雖ども、宗学は発達変遷あるを妨げず、我真宗の宗義は載せて立教開宗の聖典たる広本六軸の中に在り、其文炳として日星の如し、誰か之を動かすを得んや、かの宗学なるものは此宗義を学問の方面より討究するものにして、其解釈の深浅優劣如何に拘はらず、均しく末学の私見たるに過ぎざるなり、（大谷大学、二〇〇三）

ここでまず真宗の宗義と言うべきものは「立教開宗の聖典たる広本六軸」、つまり親鸞の主著『教行信証』にあり、動かすことのできないものとされる。それに対して宗学とは、その宗義へ

の討究であるが、それらはあくまですべて末学の私見に過ぎず、発達変遷のあるものなのだと主張する。

江戸期の学問の積み重ねはひじょうに重要である。けれどもそれを絶対視するわけにはいかない。しかし当時の宗学者はこの発達変遷のありうる宗学の一見解をもって、真偽邪正を決判しようとする。そのような権威主義的態度——つまり学説の固定化——、これこそ当時清沢たちが問題視したものであった。

(2) 清沢満之が提示する実験という方法

こうして清沢たちが求めたものは「学問の自由討究」であったと言える。しかし自由討究といっても、たんに好き勝手を言うのであれば、それは学問とは言えないであろう。であればその根拠となるものは何であるのか。一八九八年、『教界時言』に「仏教者盍自重乎」という論考が発表される。その中で、次のような発言が見られる。

> 其教義の研究に従事する者は、又其実行的習修を試みるを可なりと信ず、否ざれば真実に其教義を会得すること能はず、従て又之を活用するを得ざる可ければなり、蓋し実行的方面より仏教を学ぶは、恰も実験的方法に依て理学を考究するが如し、其進歩或は遅緩の観あるべしと雖ども、其之に依て得たる所の思想は皆生命あり、(大谷大学、二〇〇三)

ここに教義の研究方法として「実行的習修」「実験的方法」が提示される。それにより得た思想にこそ生命があるのだというのである。「実験」とは、清沢がしばしば語る言葉である。
このような意見を受けてであろう、その後、清沢の私塾浩々洞の一員であった佐々木月樵（一八七五〜一九二六）は一九〇三年の『実験之宗教』において次のように述べる。

私は、宗教及び仏教の学問研究をば、必ずしも悪いとは申しませぬが、もと、宗教殊に我仏教の生命が信仰にある已上は、是非、先ず之を信仰的に観察し、実感的に味いたいと思うものであります。（佐々木、一九〇八）

また真宗大学（東京）第一期生である金子大栄（一八八一〜一九七六）は、その晩年の一九七二年に、次のような学問論を述べている。

自分を通さないことはいわない、自分にわからないことはいわない。自分にわかってもわからんでも、真宗ではこうなんだ、ということはいわない。そういうことが自己中心ということであるならば、自己中心ということにおいても私は満之先生より一歩も出てない……谷大の学風、あるいは大谷派の学風。この学風というのは、この学風こそ「自己中心」といい、あるいは「現在安住」といわれる……（金子、一九七六）

清沢らが提示した「実行的習修」「実験的方法」が、こうして佐々木の「実感的に味わう」、金子の「自分を通す」といった言葉として確認され、受け継がれていくことになる。
ところで、すでに述べたように、改革運動の後の一九〇一年、清沢満之を初代学監として真宗大学東京移転開校がなされる。その「開校の辞」に、清沢は次のように述べる。

……本学は他の学校とは異なりまして宗教学校なること、殊に仏教の中に於いて浄土真宗の学場であります。即ち、我々が信奉する本願他力の宗義に基づきまして、我々に於いて最大事件なる自己の信念の確立の上に、其の信仰を他に伝へる、即ち自信教人信の誠を尽すべき人物を養成するのが、本学の特質であります……其の科目に至りては、一派に於ける宗学と、及び他の諸宗の教義の学と、最も本学に直接の関係を有する所の須要なる世間の学科とを教授いたします。（大谷大学、二〇〇一b）

ここで清沢は真宗大学が教授する科目をまず「一派に於ける宗学」とする。つまり、先に見たような「宗学」と「真宗学」といった区別は清沢にはないのである。清沢はこの二年後の一九〇三年に亡くなる。こうして真宗の学問論は、清沢以降に改めて議論されていくことになる。

四　大正期の大谷大学における学問論

（1）真宗学という名称の出現

大谷大学の真宗学という名称はいつ出てきたのか。第四代学長である村上専精（一八五一～一九二九）は、昭和の初めに次の指摘をしている。

真宗学という名目は、従来余りに聴かなんだ名目である、徳川時代にあっては両本願寺共に宗部他部の名を用いて居たように思う、それが明治時代になってから、宗乗余乗という名が行わるるようになったと思う、併し宗学という名は古くより行われて居たのであろう。然るに近頃に至り、いつの間にか真宗学という三字名を見聞することになったのである。（村上、一九二八）

この指摘にあるように、「真宗学」という名称は当時きわめて新しい言葉と認識されていた。その経緯は次の通りである。

一九一一年、さまざまな事情により東京の真宗大学は廃校となり、京都の高倉大学寮と合して真宗大谷大学として再展開していくことになる。その後の一九一八年に大学令が公布、一九二二年に大谷大学として設立を認可されることになる。これに伴う学則改正（一九二〇年）により、それまで「宗乗」「余乗」と呼ばれていた仏教の科目名が、それぞれ「真宗学」「仏教学」という名称となる。ここに現在の真宗学の直接的源流がある。

やがて一九二四年、佐々木月樵が第三代学長に就任。翌一九二五年、佐々木は入学式の訓示として「大谷大学樹立の精神」を発表する。この佐々木の「樹立の精神」が、それ以後、戦後、そして現在に至るまで、清沢の「開校の辞」とともに大谷大学の理念として継承されていく。一九五二年、当時の学長山口益（一八九五〜一九七六）は「大谷大学の理念」と題し、次の訓示を述べる。

この真宗学・仏教学が如何なる意義を有するか、という事については佐々木月樵先生の「本学樹立の精神」の上に明である。……諸君はよろしくそれを閲読して、本学に於ける真宗学・仏教学が如何なる意義を有するかを認識せらるべきである。若しこのような真宗学・仏教学の本学に於ける歴史的意義を把握せずしてそれが学ばれるならば、それは本学の真宗学でも仏教学でもないものになるであらう。（大谷大学、二〇〇一b）

このように山口は学生に対して「樹立の精神」の閲読を奨励するのであるが、そこに明らかだとされる大谷大学における真宗学・仏教学の歴史的意義とはいかなるものか。

（2）佐々木月樵「大谷大学樹立の精神」

ではここから「大谷大学樹立の精神」（自筆本、大谷大学、二〇〇一b）を見てみよう。そこで佐々木は、大谷大学が再出発するについて、次のように述べる。

……これら内外の事情を一括して茲に本学は、学制の根本改正を行うたのである。本学は、既に綱領第一条に示すが如く、仏教学、哲学及び人文に必要なる学術を教授し、幷に其蘊奥を攻究するのを目的として居る。

佐々木はこの当時に学制の根本改正を行ったと言うが、それは何であるのか。そこで一八九九年五月十七日の「真宗大学条例」を見てみよう。その第一条は次の通りである。

第一条　真宗大学ハ宗門ノ須要ニ応スル学科ヲ教授シ及其蘊奥ヲ研究セシムルヲ以テ目的トス

これに対し一九二〇年の「真宗大谷大学学則改正」では、第一条が次のように変更される。

第一条　本学ハ仏教及ビ人文ニ須要ナル学術ヲ教授シ幷ニ其蘊奥ヲ攻究セシメ真宗ノ精神ニヨリテ人格ヲ陶冶スルヲ以テ目的トス

この文言自体は、前者は一八八六年の帝国大学令、後者は一九一八年の大学令の第一条にそれぞれ倣ったものと考えられる。ただそれだけに止まらず、ここに大谷大学としての根本改正を見るならば、それは前者における「宗門ノ須要ニ応スル」という言葉の削除であったことが分かる。もちろんこれは大学令による大学認可のため、宗門色を減らさなければならない、という対外的な事情が大きいのであろう。しかし、それは対自的にも『大谷大学百年史』が言うように、「この提案は……従来の大学設置の目的を見直すものであり、大学のありかたの根幹にかかわるものであった」（大谷大学、二〇〇一a）のである。佐々木と浩々洞の同人であり、当時新任教授としてこの訓示を聞いていた曽我量深（一八七五〜一九七二）は、やがて一九六四年に自らも学長として行った訓示「大谷大学のあゆみ」において、次のように指摘する。

佐々木学長の「本学樹立の精神」を読んでみますというと、この大谷大学は宗門大学でない、と、こういうておられる。（大谷大学、二〇〇一b）

この曽我の言葉にも窺えるように、当時の大谷大学の教員に流れていた意気込みというのは、真宗大谷派という一宗派内部に限定される様な学問とは異なる学問的在り方を探求しようという、そのようなものであったのではないか。

さて、「樹立の精神」は、さらに次のように学問の目標を掲げていく。

本学々部の仏教学に就ては、少くとも三つの目標を挙ぐることが出来る。第一は仏教を学界に解放したことである。第二は仏教を教育からして国民に普及することである……第三には、宗教的人格の陶冶に留意することである。今日までの仏教学は、その宗その宗のみに限られた所の宗旨学であったのである……即ち仏教全体をば、宗の障壁から解放する……若し仏教が僧侶の専有物でない已上は、恐らくは仏教学もまた必ずその宗その宗の専有物であってならぬと思う。

こうして佐々木のいう仏教学の三つの目標とは、宗旨学からの解放、国民一般への普及、それによる宗教的人格の陶冶、である。ではその仏教学に対して、真宗学はいかなる位置づけがなされるのか。

そのうち、唯一つ宗教として残された所の仏教は、我真宗である。されど真宗はもともと大乗の極致であるが故に、そのまゝ、また学として今後益々その研究を深め得るのである。これ即ち宗名を残しつゝ、而かもまた学名を附するに至りし所以に外ならぬ。

佐々木はこのように真宗学を語るのであるが、そこには「真宗」だけ唯一の宗派として特別視する意図があるようにも見える。もちろん真宗大谷派の宗門立大学だからと言えばそれまでであるが、はたしてそうであるのか。佐々木は「樹立の精神」の終わりに次のように語る。

真宗は、真をこれ主義とする所の仏教である。真は一般に学の対象たるのみならず、本学に於ては、またこれ人格陶冶の最後のモットウである。

ここで佐々木は「真宗」という言葉を、一宗派の名称と主張するのではない。佐々木が言う「真宗」の「真」とは、ある特殊なものではなく、学問一般において追及されるものである。つまり仏教を広く学問的に明らかにするのが仏教学であるならば、それにより明かされる「真」なるものを教えとして受容し、それを根底として人格の完成を期していく――「真をこれ主義とする」――在り方を真宗学として確かめようとしているのであろう。

それまでの「宗乗」という名称は、これは明らかに「宗派の教え」という意味である。それに対し、大谷大学の「真宗学」は、その名称ができた当初から「真宗という宗派に関する学問」とは異なった意味が付与された（もちろん親鸞が中心であるには違いないが）。また佐々木は、その人格陶冶の内容を「本務遂行、相互敬愛、及び人格純真」の三条として確認していく。この点からすれば、真宗学は本来きわめて実践的な内容を包含しようとするものであった。

佐々木と親交のあった西田幾多郎（一八七〇～一九四五）は、一九三〇年「谷大存続の意義を高調する」と題される談話で、かつて次のことを佐々木に話し、同感を得たという。

仏教研究は日本に於て吾々がなさなければならない重大な仕事である。それが研究の機関としては帝大等にも哲学科中の一つとしてあるがその意味に於て仏教研究は従属的な地位しか占めていない。……是に対して仏教を主として世界的に研究しうる機関が別にあるべきである。それが「谷大の使命」だったと思う。……仏教を中心として哲学なり科学なりを研究することは如何うしてもなさなければならない重要事である。これに依って仏教が日本の精神上の基礎となり世界の精神上の基礎となる。是だけの信念が必要だ。（大谷大学、二〇〇一b）

この西田の談話から顧みるとき、佐々木が考える仏教の学問とはとうてい「宗門ノ須要ニ応スル」ものなどではありえなかった。それは学問の一分野たる仏教ではなく、むしろそこからあらゆる研究をなさしめる学的基盤を世界に提供する営みである。周囲からは誇大妄想と受けとられる向きもあったようだが（山口、一九七五）、それが佐々木が「世界の仏教学研究のセンター」（同前山口）として大谷大学にもった大なる抱負であった。

（3） 金子大栄「真宗学序説」

少し遡ること一九二二年、単科大学設立記念として、大谷大学を代表し金子大栄が「真宗学序説」と題する公開講演を行った。この講演は「真宗教学において、最初の学問論的検討を提示せられたのは、金子大栄先生であった」（寺川、一九八一）とも言われ、大谷大学で真宗学を専攻するものは、まず目を通しておくべき論考とされる。

「真宗学序説」が荷った課題は、次の言葉が端的に示すであろう（金子、一九六六）。

一体、真宗という宗旨は念仏を称えてお浄土へ参る、ただそれだけである。それだけの宗旨に、果たして学問などする必要があるのであるか。こういう疑問を文政に関係ある、或る人が起したそうである。それと同じ事柄が内輪のほうにも起ってきて、一体、真宗学というようなことが果して成立するのであろうか。

いわゆる学問などいらないような宗旨が真宗であるにもかかわらず、そこに真宗学という学問を立てるのであれば、それがいかなる意味で学と呼ぶに値するのか。そこで金子は、学問には「何を（対象）」「如何に（方法）」「何故に（動機）」の三つの問いがあるとする。その上で、まず「何故に」の問いがもっとも根底としつつ、その学問の動機は仏教が昔から言う通り「出離生死のため」であり、それが「根本の魂の問題」であり、その願いが必要であって「でなければ、おそらく真宗学というものは、成立しないであろうと思うのである」という。

このように学問の動機を押さえた上で金子は、真宗学の対象について「大聖の真言」だという。この「大聖の真言」という言葉は、親鸞が「経典の釈迦の言葉」を修飾した言葉である。しかしそこで、真宗学の対象は宗祖親鸞の著述ではないのか、という疑問が当然出てくるだろうとして、金子は次のように述べていく。

真宗の学問というものは、親鸞聖人の著述を研究するのであるか、或いは、親鸞その人も、真宗を学べる人であって、真宗学ということは、親鸞聖人の学問をわれわれがうけつぐ……これからの真宗学というものは、親鸞聖人の著述を研究するのは真宗学ではなくして、親鸞聖人の学び方を学ぶのが真宗学である。こういうふうに言わんと欲するのである。……こういうことになれば、自分は真宗学というものが、始めて公開せられると思う。

金子は、親鸞自身こそ真宗学を行った人なのだとする。それゆえに、我々が学ぶべきはその親鸞の学の姿勢である。親鸞の著述を学ぶのは、一つの特殊なる教義の学びにすぎないであろう。そうではなく、親鸞が対象にした「大聖の真言」こそ真宗学の対象とならねばならない。そして、そこにこそ学問としての公開性があるのだ、と金子は言うのである。

ではそこからいかなる学の方法が出てくるのか。

教法に本当の権利をもたせて、どこまでも尊重し、その教法そのものが真理の名のりである。教法そのものが覚者の教であるから、その教がわれわれの耳に如何にひびいてくるか、その魂に如何なる感銘を与えるか、そこから、われわれの方法論ははじまるのであると思う。

「大聖の真言」――大いなる聖者による真理を開示する言葉――金子が真宗学の対象をあえてこの言葉で確かめたとき、そこで行われる研究は文献研究という体裁をとりつつも、その対象を単なるテキストと見るものではない。私が読解する研究対象としてのテキストではなく、そのテキストが私に語りかけ呼びかけてくる声を聞き取っていく。いわば、古くから真宗門徒に求められた「聴聞」や「聞法」、「聞思」と言われる姿勢である。そうして私に響いた内容、それを聞く者に真理を開示する言葉として聞き取られた、その内面の体験を根底とし、それが如何なる内容として把握されるのかを思索する。このような、自己の知性の対象として仏典を見るのではなく、それと真逆に仏典の中に自己を見出し、それにより自己の知性が揺さぶられる所に現われてくる知の在り方、それこそ学問の根本として据えるべきものではないか。そこに「われわれの目指している純粋真宗学」とも言われる、「根本の魂の問題」に応える学の在り方があるのだと金子は言うのである。ここにおいて、「真をこれ主義とする所の仏教」という佐々木の言葉と響き合う。

大谷大学における「真宗学」という名称は、以上のような佐々木・金子による学問の問い直しとともに出発した。しかし、佐々木は「樹立の精神」を発表後、一年も経たずに急逝してしまう。その後、一九二八年には、金子大栄異安心問題というものが起こり、金子は大学辞職、そして僧籍返上に追い込まれる。この時、村上専精・多田鼎（一八七五〜一九三七）・木村泰賢（一八八一〜一九三〇）などといった学者と金子との間で論争が行われたのであるが（東、二〇一七）、それらの論点の一つが宗門立大学に学問の自由は認められるのか、という点であった。

後の一九三三年、多田鼎は「清沢満之師の生涯及び地位」において、清沢満之一派の学問について次のように指摘する。

> かくて師及び浩々洞の同人は、共に相率いて「他力」の本義をまちがえ、各自の哲学的理観、及び宗教的感情によって画き出せる他力をば、如来の本願の他力と信じて、己を誤らせ、又広く他を誤らせた。かくて師は不本意にも真宗における異義の一源泉となられた。（多田、一九九二）

多田は、「実験」というような表現での思索は、各自の個人的主観・感情の反映に過ぎず、親鸞の教えではないと批判する。重要な指摘である。公開を問題とした金子も「内部世界に留まっている感がある」（大桑、二〇一七）と言わざるを得ないかもしれない。加来が提示した「近代教学」への批判もここに一脈通じるものがあるのであろう。

寺川俊昭は、「真宗学序説」に対し「その後六十年経った現在、この労作を継承する真宗教学の学問論的検討が余りにも少ない」（寺川、一九八一）と指摘するが、その後も個々人の見解はあれど、全体で共有される検討はなされてはいないのではないだろうか。歴史的経過の十分な認識と反省とともに、学問論の広く建設的な検討がなされて行かねばならない。

五　おわりに

きわめて雑駁な内容であったが、真宗大谷派における宗学の問い直しというものを見てきた。明治・大正期におけるその問い直しで何が問題にされていたのか。それは、これまでの教団を無批判に前提とする在り方であり、固定化した学問であり、悪しき意味での宗派我（エゴ）であった。そこでは学轍の順守こそが求められた。その学の問い直しの中でまずもって自由討究が求められたのは、この宗派の桎梏と対峙するためであった。そして彼らの議論の重要な箇所で現れてくるのは「実行的習修」であり、「宗教的人格の陶冶」であり、「大聖の真言を聞く」といった事柄である。彼らはこのような言葉で、自己が仏教を研究するというよりも、仏教が自己にもたらすものを聞きとどめようとし、そしてそれを主体的・実践的に考察しようとした。真宗学とはそのような学びに冠せられた名称であったのだといえよう。

それは大谷派という特殊の問題ではない。佐々木は「仏教全体をば、宗の障壁から解放する」と述べたように、宗の「障壁」からの解放と、万人の学として仏教学の普及を求めた。ただし、それは「宗」という宗教的伝統の否定でもない。問題は宗の障壁により、その伝統的学知が内に閉じ込められていることである。むしろその伝統の学知の公開・普及とそれによる人格の陶冶の実現を、佐々木は各宗の大学にも期待した。この意味で、大正期大谷大学の学問の問い直しは、一宗門大学の問題であるには違いないが、それとともに日本仏教全体への問い直しでもあった。

本稿は、仏教の学とはいかなるものであるのかについて、現在の大谷大学の真宗学の源流となる大正期の議論の一部を紹介したに過ぎない。もちろん、これを過ぎ去った議論として打ち捨てることもできよう。しかし、彼らの真摯な問い直しは、たんに大谷派だけの問題ではなく、今なお日本の仏教全体に投げかけるものがあるのではないか。この小論から現代への何らかの問いかけが生まれれば幸いである。

〈参考文献〉

東　真行『金子大榮研究―浄土顕揚の課題―』（博士論文）大谷大学、二〇一七年。
大桑　斉『『蓮如上人御一代記聞書』試論』東本願寺出版、二〇一七年。
大谷大学編『大谷大学百年史〈通史編〉』大谷大学、二〇〇一年a。
――『大谷大学百年史〈資料編〉』大谷大学、二〇〇一年b。

――――『清沢満之全集第七巻』岩波書店、二〇〇三年。

織田顕祐「佐々木月樵における「宗」と「学」――『大谷大学樹立の精神』を中心に」『真宗教学研究』第二三号、二〇〇二年。

加来雄之「現代と親鸞」『信の念仏者　親鸞』吉川弘文館、二〇〇四年。

金子大栄『真宗学序説』文栄堂、一九六六年。

――――『清沢先生の世界―清沢満之の思想と信念について―』文明堂、一九七六年。

教学研究所編『教如上人と東本願寺創立―本願寺の東西分派―』東本願寺出版部、二〇〇四年。

佐々木月樵『実験之宗教』興教書院、一九〇八年。

澤　博勝「近世民衆の仏教知と信心―真宗門徒の〈知〉―」『近世の宗教と社会3　民衆の〈知〉と宗教』吉川弘文館、二〇〇八年。

住田智見「大谷派先輩学系略」『真宗大系総目録』真宗典籍刊行会、一九二五年。

多田　鼎「清沢満之師の生涯及び地位」『資料清沢満之〈資料篇〉』同朋舎出版、一九九一年。

寺川俊昭「真宗学方法論序説（二）―真宗学の対象―」『親鸞教学』第三八号、一九八一年。

花野充道「田村芳朗　思想史学と本覚思想研究」『戦後歴史学と日本仏教』法藏館、二〇一六年。

廣瀬　杲「真宗学とは何か―金子大榮先生の学恩を謝す―」『親鸞教学』第四二号、一九八三年。

水島見一『近・現代真宗教学史研究序説―真宗大谷派における改革運動の軌跡』法藏館、二〇一〇年。

村上専精『真宗の真面目は那辺に存する乎』法藏館、一九二八年。

山口　益「佐々木月樵先生についての憶い出の若干」『大谷大学樹立の精神』大谷大学、一九七五年。

吉本隆明「最後の親鸞」『親鸞〈決定版〉』春秋社、一九九九年。

日蓮宗における宗学の解釈とその方法論
――浅井要麟の宗学論を視点として

武田悟一

一　はじめに

宗学とは何か。日蓮宗における宗学を志す私たちが、宗祖として仰ぐ日蓮（一二二二〜一二八二）の教えに主体的に関わろうとするとき、つねに問わねばならない課題であると考える。また、この問いは、日蓮の直弟子である六老僧（日昭・日朗・日興・日向・日頂・日持）をはじめ、その直弟子の門に投じ脈々と続く門下の僧侶達は、それぞれの時代に生き活動する中において、日蓮の教えに主体的に関わったのではなかろうか。換言すれば、日蓮が全生涯をかけて仏陀釈尊の教えとどう関わろうとされたのか、あるいは、日蓮がいかに永遠のいのちを持つ久遠の釈尊によって顕された法華経をいかに受け止められたのかなど、日蓮自身が考え続けてきたことを問い続け、日蓮に信順し追体験を志向されていたと思う。

この「宗学」とは何か、という問いに関わろうとするとき、けっして容易でないことに気づく。しかし、日蓮の教えを基として生きることを誓った以上、生涯をかけてこの問いを求め続けなくてはならないのである。では、「宗学＝日蓮」にどうたずねるべきであろうか。その一つの方法として日蓮の全人格体を文字に表している遺文に求めることが必須ではあると考えている。

さて、ここで「宗学」という術語について確認しておきたい。日本語という視点からたずねてみると、「各宗門の教義をきわめる学問」と解説され、その用例として「本化摂折論〈田中智学（一八六一～一九三九）〉序言『宗学作振の急ある今、拙速を尚ぶの要もありて、再治を他日譲り、聊か刊謬の訂正を付して之を刊行す』」（『日本国語大辞典（第二版）』第六巻、一二〇九頁）を紹介している。この辞典で用いられてる出典や用例は、もっとも古いものと思われ、語釈のたすけとなるわかりやすいものを用いているという（同上書、凡例）。つまり、上代から現代という時代区分では、近代に用いられた術語ということが確認できる。

また、仏教語の視点からは「自己の所属する宗派の教義の学問。自分の宗派の学問」と解説されている。さらに出典が明記され、『大唐西域記』にその語彙があるという（『広説佛教語大辞典』七五九頁）。

その一方で、日蓮宗という視点からの「宗学」については、「日蓮聖人の教えを信奉する日蓮宗では、聖人の教えを宗義として尊重し、宗義の研究を日蓮宗学、日蓮教学と称している」とあり、日蓮の教義を尊重して研究することが宗学であるとしている。そして、「宗学という用語はおそらく近代に入って仏教学研究が盛んになったため、それに対応する形で出来上がったものであろう。大正末期ないし昭和初期に宗学という用語が頻繁に用いられる以前は『余乗』に対して『宗乗』と称していた」と解説されている。この点は日本仏教各宗の共通認識であろう。そして、「江戸時代の宗義書などでは台家（天台宗）の義に対置して、当家（日蓮宗）の義、または当家の宗義などと称し、更に遡れば室町時代では日蓮聖人の宗旨ないし聖人遺文を御義といい『宗義に約する』という表現もみられる」（『日蓮宗事典』一七七頁）という。

　このように、宗学という術語の淵源は『大唐西域記』に求められるかもしれないが、用語として用いるのは近代に入ってからのようである。しかも、宗学の用語が頻繁に用いられているという解説から推察すると、一種の宗学論に関する研究がなされていたという意味として捉えることも可能である。

　ところで、『日蓮宗事典』の宗学の項目は、前述の解説の後に先師の宗学についての見解が列記され、優陀那院日輝《うだないんにちき》（一八〇〇～一八五九）、浅井要麟《あさいようりん》（一八八三～一九四三）、望月歓厚《もちづきかんこう》（一八八一～一九六七）、室住一妙《むろずみいちみょう》（一九〇四～一九八三）、茂田井教亨《もたいきょうこう》（一九〇四～二〇〇〇）の五氏を紹介している。ここには五氏それぞれの視点から、宗学についてのアプローチがなされており、様々な意義や考えがみられ、多様なる宗学論を知ることができる。

　そこで、様々な宗学に関する見解がなされている中で、浅井要麟の考えに注目してみたい。浅井は宗学研究の分野を対象とする時代によって区分したと指摘できるが、一方では日蓮遺文を視座に論究している点が特徴である。

以下、本稿では、浅井の宗学論をたずねる前に、まず宗学に関する先行研究を確認しておきたい。そして、浅井要麟の宗学論を概観し、そのうえで宗学研究の方法について少しく考えてみたい。

二「宗学」に関する先行研究

さて、宗学に関する最近の研究として古河良啓「宗学について」(『現代宗教研究』第四九号)の論考が知られる。古河は、渡邊寶陽「宗学論—宗学論の回顧と展望」の論考や、前掲の『日蓮宗事典』にみられる各氏の見解の多様性に示唆をうけ、近代から今日までの宗学論は七十三本確認でき、そこから山川智應「宗学に於ける現在の諸潮流と我等の態度」の論考に注目し概観している。古河が山川の論考に焦点を当てた理由は、渡邊が宗学論の先駆は山川であると指摘する一方で、その解説がなされていないことに注目したという。

ここで、古河が提示した先行研究の成果を踏まえつつ今一度確認したところ、管見の限り古河の論考も含め八十六本確認できる(末尾の表「「宗学」に関する先行研究一覧」を参照)。

ところで、これらの先行研究のうち、浅井による論考は次の三点に見ることができる(算用数字は表の番号を指す)。

一、5「祖書鑽仰の先決条件（上）—専門宗学者の任務—」
二、6「祖書鑽仰の先決条件（下）—専門宗学者の任務—」
三、21『日蓮聖人教学の研究』

まず、一の論考は、日蓮遺文における古今の研究方法は果敢のない批判にしか過ぎないとし、遺文の真偽の検討、現存する真蹟の調査、系年の確認、書簡の再検討の必要性を指摘されている。つぎの二の論考は、先の論考の続稿として考察を試み、日蓮遺文の研究の基礎を確立し、これを宗学者が担うべきと指摘されている。その一方で、宗学研究者は宗門意識、宗派感情、誤った護教意識によって冷静な批判の前に盲目になる懸念があり、公平無私の態度を持つ必要性を示されている。ついで、三の著書は、浅井の没後に刊行された遺著で、次項に示す宗学論は、浅井が立正大学での講述をまとめ記されたものである。

以上の論考は、いずれも約七十年以上も前であるが、日蓮に直参し、追体験を試みようとする課題において、大いなる示唆を与えていると考える。そこで、浅井の宗学論を概観してみよう。

三　浅井要麟にみる宗学の分類

浅井が指摘する宗学論とは、どのような視点からアプローチをなされているのであろうか。それをたずねみてみると、文献学上における祖書学の視点から論じられていることがわかる。その理由は、「御遺文に現はるる聖人の教義・信条・思想・行儀・生活等に関する記録が、同じ聖人みづからの記述されたものである限り、諸篇一準であるべき筈」なのに「本質的に相容れざる相違が少くない」と指摘する。そして、「是等の矛盾や対立関係を客観的に研究して、それ等すべての問題及び事項の標準が何処にあるかを合理的に決定し、進んで祖書の体系を求むるを以て、祖書学」の任務であるという。そして、

かくして決定せる聖人の教義・思想・信仰・人格・行儀等こそ、宗学の基礎をなすものであって、これを根本基準として、歴史宗学も発展すべきであり、又歪曲されたるものは、訂正さるべきであり、更に現代宗学の組織体系も確立さるべきもの（『日蓮聖人教学の研究』七六頁、以下同）

として、根本宗学・歴史宗学・現代宗学の三つの柱をあげている。

（1）根本宗学

浅井は、根本宗学とは、法華経と日蓮遺文について研鑽する学として位置づけられている。すなわち、

吾が宗の根本法典は、宗祖日蓮聖人が、自ら切実な自己の宗教的体験を披瀝し表現されたところの著作及び御消息がその一部であり、聖人に指導を与え、その宗教的体験の規範となった法華経は最も根本的な法典である。この法華経と、日蓮聖人の著作及び御消息とを対象

（七七頁）

として、法華経に説かれる哲学及び宗教を究明し、日蓮の教義や思想・人格・精神等を把握することを目的としている。さらに浅井は、この根本宗学にはさらに二つに細分できるという。すなわち、一つは法華経を対象とする法華経学であり、もう一つは日蓮の著作及び消息を対象とする遺文研究である。

まず、法華経学については、

聖人が自己体験の規範として依憑された法華経、やがて立教開宗の根本法典となった法華経は、羅什訳の妙法蓮華経であって、これに対して、現代の原典研究の角度から、その成立または本文批判に関する、如何なる研究が現れようとも、その結果をもたらして、直ちに宗祖の依憑された法華経を、左右し増減すべきものではない。もっとも本文の解釈とか、表現形式等については、或る程度の自由が認められ、時代的若しくは社会的解釈が許されるであろうが、根本法典として、日蓮教学に於ける羅什訳妙法蓮華経は絶対的である。（七七―七八頁）

と指摘し、経典を文献として研究され、新たな見解が示されたとしても、日蓮が仰ぎ絶対的に信順された法華経そのものは変わらない、というのである。

もう一つの遺文研究については、

聖人の御遺文と法華経とは、おのづから性質の異るものがある。すなわち一宗の中心的存在たる聖人を中心に、法華経に対すると、御遺文に対するとは、その角度の異なる如く、今日我等が、これを研究の対象とするに当たっても、おのづから異なるものあるは蓋し当然である。（七八頁）

として、日蓮遺文を対象とし、それを鑽仰し日蓮の教義・思想・信仰・人格に直参することが重要であると指摘されている。つまり、この二つの対象に対する研究の態度および方法は、必ずしも一準としてではないということも理解できるのである。では、つぎに歴史宗学についてたずねてみよう。

（2）歴史宗学

浅井によれば、日蓮滅後から今日に至るまでの宗学を指し、教団の僧侶達によって継承された宗学とも言えよう。今日この分野は、教学史に分類されている。さて、浅井はこの歴史宗学を「発展宗学」と称すべきかと検討したようである。しかし、日蓮教団の歴史は生長発展のみではない盛衰消長があるからかならずしも発展したのではなく、時代によっては暗黒時代あるいは退嬰的であったことも事実である。このことから、やむを得ず歴史宗学と名付けたとしている。その歴史宗学には、口伝、訓詁、問題、組織、退嬰、論争、体験、法華神道、史伝の九つに分類している。そこで、以下、これらの分類にみられる浅井の考えをみてみよう。

・口伝宗学

浅井は、この分野について、冒頭つぎのように記している。

宗祖滅後、幾ばくもなく大法尊重の精神は、諸門互に秘伝と称して、ことさらに方冊に載せず、本迹日昭・本尊日朗というが如く、門流各々付法相伝の弟子に限ってこれを面授口決するというが如き風潮を生ずるに至った。（七九頁）

そもそも日蓮は、付法の正統を定めて相承書などを弟子達には授与していないのだが、時代が下ると門流意識の対立が強化されるに伴って、口伝や相承を根拠として正閏をめぐる問題が激化した歴史があるとの指摘がなされている。

・訓詁宗学

古い言葉や字句を解釈する訓詁について、浅井は宗学の一分類であるとする。すなわち、

根本法典たる法華経、及び祖書の字義を究明し、句意を穿鑿せんとする宗学で、古今の註疏的研鑽はすべてこれに属する。（八二頁）

古典を古典として、本典なり祖典なりに用いられた真意義を研究することは、正当なる発展の上にも必要なる事業であり重要なる役割を有すというのである。

・問題宗学

浅井によれば、「宗学的組織体系に未だ起こらず、個々の問題について或いは関係的に、或いは孤立的に研究」を試みる分野であるとしている。たとえば、法華経全二十八品には、前半の十四章からなる「迹門」と、後半の十四章からなる「本門」に分類できるが、日蓮はこれをどう理解したのかについて論議として展開した本迹論とか、あるいは日蓮は本尊を「本門の教主釈尊を本尊とすべし」（報恩抄・『昭和定本日蓮聖人遺文』一二四八頁）と定めたが、その表現形式が必ずしも明確でなかったため論議として展開する本尊論などが挙げられる。これらは、日蓮の主要な教義ではあるが、次項に挙げる組織宗学には至らないものが該当し、「未だ達し得ざる過程的宗学」との見解を示されている。

・組織宗学

宗学の体系化は、「個々の問題研究にそれぞれ関係を見出し、位置を与えて、系統的に組織」されるべきであり、これを組織宗学にあたると指摘されている。その一例を挙げると、室町時代には行学院日朝《ぎょうがくいんにっちょう》（一四二二～一五〇〇）『弘経用心記』、円明院日澄《えんみょういんにっちょう》（一四四一～一五一〇）『嘉会宗義抄』、本成房日実《ほんじょうぼうにちじつ》（?～一四六一～?）『当家宗旨教機時国名目』、慶林坊日隆《けいりんぼうにちりゅう》（一三八五～一四六四）『法華宗本門弘経抄』などに見られる。そして、宗学的組織体系化したのは、江戸時代後期の一妙院日導《いちみょういんにちどう》（一七二四～一七八九）『祖書綱要』である。これら先師達によってなされた組織宗学は、現代宗学を生み出すべき過程的体系にほかならないと指摘されている。

・退嬰宗学

室町時代後期、戦国、安土桃山時代の日蓮教団は、戦乱と迫害によって、教団の進展が圧迫され、さらに江戸時代には幕府の政策によりその進展が束縛された。そのような時代の中で、「檀林の勃興を見たのであるが、それ等の諸檀林は、何れも天台学を中心」とした天台学心酔の一途を辿り、宗学は見るべきものがなかった。浅井は、この分類の大項目である「歴史宗学」を本来「発展宗学」と称すべきところ躊躇した理由の一つに挙げる宗学である。

・論争宗学

これは、日蓮における主要な教義について、日蓮滅後の先師達によって論が展開されているものが該当する。浅井はその中で主に本迹論や、爾前経（権教）と法華経（実教）とを弁別し、対宗派との仏教理解をめぐっての位置づけについて諍論された権実論、あるいは、一五九五（文禄四）年豊臣秀吉（一五三七～一五九八）が創建した方広寺の千僧供養会の出仕をめぐる問題を端に発し日蓮教団が受派と不受派との両派に分かれて諍論した受不施・不受不施論を挙げ、

かかる論争宗学の目標が論敵を屈伏せしむるにある関係上、勝敗を重要視する結果、その主張を公明を欠く如き傾向が少くない。（八六頁）

として、論争宗学に共通の欠点であると指摘している。

・体験宗学

江戸時代の日蓮教団は、宗学の退嬰に伴って行儀の頽廃の甚だしきものが目立つようになった。僧道の弛緩を憂い、法華信仰に立脚する戒律を興し、自ら実践した人物に元政《げんせい》（一六二三〜一六六八）がある。元政は、「内観禅思の内的生活と、如法の外的生活との一致に精進せられた実践家であって、その著『草山集』はその宗教的体験の記録」であり、この種の内的生活の記録とみるべき宗学を体験宗学と名付けたいとしている。

・法華神道宗学

日蓮は、神道における天照大神や八幡大菩薩などの日本の代表的神々を、法華経守護の善神として曼荼羅本尊に勧請している。日蓮滅後はその思想が発達して、今日の三十番神信仰を生むことになった。この信仰を法華神道と称し、「仏陀と国神との本地垂迹関係が説かれる」に至ったと指摘されている。

・史伝宗学

浅井はこの分類において、聖伝（日蓮伝）研究と一般史伝研究の二つに分類すべきであると指摘されている。まず聖伝研究については、

聖人の行動のみを抽出して、別人の記述したのが所謂聖伝である。（八七頁）

として、日蓮遺文を主観的表現とすれば、聖伝は客観的表現であり、伝記者の観察思索等も加わる。そのため、時代によって内容を異にするため一準ではないというのである。つぎに、一般史伝研究について、「法華経を信じ、日蓮聖人を奉ずるものの信仰」が、門下の僧侶や信徒達によって「如何に実践せられたか、それを記録せられたものは宗門の歴史及び伝記」であると位置づけられている。

以上、歴史宗学における九分類について概観した。浅井は、この分類のまとめとして、歴史宗学は過去における指導原理の究明には役立つであろうが、それがそのまま現代人の生活を指導するに足るとは考えられないと結論づけていることが理解できるのである。

（3）現代宗学

つづいて、三つめの現代宗学について、浅井はどのような視点を持っているのであろうか。浅井は、「宗教が人類の内的要求に応じて生活の指導を与ふるものであり、宗学がその指導原理を究明する規範学」でなければならないとしている。つまり、「宗教も宗学とともに成長があり、発展があるべき筈である。ここに、現代宗学の生れ出づべき必然性がある」というのである。そして、「現代宗学は時間的にも現代人の要求に応じ得る」もの、「空間的にも自然的社会的環境に即した人類の全人格的要求に応じ得る」ものでなければならないとしている。その要求に応じるには「単なる訓詁的解釈や、過ぎ去った時代や、異なった社会的条件の下に生活した先師先哲の学説をそのまま現代生活の規範とする」ことは、かえって日蓮独自の教義である五義《ごぎ》（法華経が末法救済の教法であることを、教・機・時・国・序〈師〉の各方面から明らかにした教判）を弁えていないことになると指摘されている。

さらに浅井は、「宗学が現代人に対する理解において欠くる所があるならば、その宗学は現代社会人の生活を指導すべき規範ではあり得ないのである。この意味において、宗学が現代社会の指導原理を与える規範学であるためには、まず宗学の現代化」が必要であり、「宗学みずから時代精神を指導するために時代と共に生き、社会精神を善導する為に、生ける社会に即した環境の規定の下に成長し発展を遂げ」なくてはならない。その発展には、絶えず根本宗学にたずねつつ、その発展がはたして妥当か否かを顧みる正系的発展でなければならないとしているのである。すなわち、忠実に日蓮遺文に直参して現代社会の要求に応え、普遍的妥当な発展が必要であると理解できるのである。換言すれば、法華経と日蓮遺文が必須条件にある。浅井は、「法華経に関する理解は、日蓮の解釈に依憑しなければならない」とし、諸師百家の法華経に関する解釈が如何にあろうとも、日蓮教学においては日蓮の見解を聞かなければならないとしている。「この点は宗学の越え難い限度であり、また特異性でもある」というのである。そのため厳密に言えば「宗学の基準の中心は御遺文」にあると結論づけている。

その一方で、浅井は遺文の取り扱いについて次のように提示されている。「宗学上の諸多の問題をその中心規準たる御遺文を問わんとするに当たって、御遺文の何処に問うべきか。御遺文中に含まるる諸問題の解答は必ずしも一準ではないと指摘されている。すなわち、日蓮遺文にみられる記述において、「矛盾があり対立」が存しているというのである。そこで、この問題を解決するためには、矛盾や対立を統一し、それぞれの問題に関する標準を定め、同時にまた遺文から標準御書を定めて、現代宗教および歴史宗教に対して規準を与えなければならない。その規準を求め、標準遺文を定めるのが祖書学であるという（八八―九〇頁）。なお、浅井の主張する祖書学の具体的内容については別の機会にあらためたい。

以上、浅井の宗学論について概観した。浅井が主張する宗学論の中心は、根本宗学の研究の必要性を指摘しつつ、文献学としての祖書学を強調していることがあらためて確認できる。換言すれば、宗学は日蓮が体得された法華経であり、その体得を披瀝している遺文にあるということである。さらに、宗学の普遍性を求めるならば、今ある日蓮遺文を文献学の視点で精査し、標準なる遺文を中心に据える必要性を強調していると看取できる。

このように、浅井の宗学論に依拠しながら考えてみると、今日私たちが日蓮遺文に直参するために用いる遺文集には、少しく問題点が生じているということがうかがえるのである。そこで、あらためて遺文の現状とその問題点について、少しく考えてみたい。

四　宗学における日蓮遺文とその問題点

そもそも日蓮遺文とは、日蓮みずから執筆し、その思想と信仰にその行跡を叙述して、弟子や信徒に与えられた著作および書簡、公文書や日蓮自身の備忘録や抄録、図表などの文章である（曼荼羅本尊は遺文に該当しない）。その日蓮遺文の伝存形態は、歴史的に真蹟、写本、刊本として伝えられ、今日の日蓮研究の基本となるものは一九五二（昭和二十七）年に刊行されている『昭和定本日蓮聖人遺文』全四巻（以下『昭和定本』と略称）が知られる。

『昭和定本』は、日蓮宗の開宗七百年を記念して、立正大学宗学研究所（後の日蓮教学研究所）所長望月歓厚が監修に当たり、鈴木一成を編纂主任とし、十二名の委員が編纂に当たっている。一九〇四（明治三十七）年に刊行された加藤文雅『日蓮聖人御遺文（縮刷遺文）』（霊艮閣版）を底本とし、その成果を継承しつつ、同書刊行後に新たに発見された断簡等を加えた七百八十篇について、現存の真筆ならびに古写本・刊本等と対照校合し、著作年代や真偽を勘えて、一　正篇、二　続篇、三　図録、四　断簡、五　講記の五輯に分けて、編年体に配列したものである。さらに、一九六八（昭和四十三）年には新発見の断簡等百十五点を追加した第四巻の増補版が刊行されている。

一の正篇には、日蓮の真筆ならびに真撰として扱われてきた四百四十四篇、二の続篇には偽撰視される五十五篇を収めている。三の図録には、門弟教育と日蓮自身の備忘のために記したと考えられる図表や要文の抄録三十六篇が収録されている。四の断簡には、文書の完全な姿を伝えていないもの三百九十二点を収める。五の講記とは、日蓮の法華経講義の要点を弟子の日向《にこう》（一二五三〜一三一四）や日興《にっこう》（一二四六〜一三三三）が筆録したものと伝えられる『御講聞書《おんこうききがき》』（日向記）と『御義口伝《おんぎくでん》』の二書を収録する。なお第三巻には、前述の五輯とは別に第六輯　目録として真蹟目録・録内目録・録外目録・編年目録が十九篇収載されている。

本書の本文は、底本（縮冊遺文）・真筆・写本、あるいは底本・写本等による混合本文になっており、また脚注には校異が示されている。現在までに確認された日蓮の全遺文を収録する本書は、日蓮研究ならびに日蓮鑽仰における基本的遺文集となっている。

ここで『昭和定本』に収録されている遺文に注目してみると、二の続篇は偽撰視されていることから、日蓮遺文としては問題が存しているとみることができる。また五の講記は、直弟子達の執筆によるものであると理解できるが、現在は後世の人物によるものと定説がなされている。そうすると他の三項目については、本書に収録されている以上、日蓮が書いたものとして看取できる。しかも、本書は今日の基本的遺文として、日蓮研究者必須の遺文集となれば、その信憑性は増すであろう。換言すれば、日蓮に直参し追体験を試みるために必要な宗学の基本文献は、『昭和定本』に収録されている続篇と講記は除くとしても、他の三項目に収録されている遺文は、躊躇なくすべてを用いても問題はない、という解釈もできる。しかし、はたしてそうなのであろうか、という問いを設けてみると、その答えは否である。すなわち、一の正篇と、三の図録に収録されている遺文には、文献学的にも祖書学的にも問題が存しているからである。しかも、浅井の宗学論や標準遺文の視点から見ても問題がある。そこで、宗学の視点からあらためて『昭和定本』を用いるとき、日蓮遺文の伝承形態である真蹟と写本について考えなくてはならない。そこで、以下に見てみよう。

真蹟は、まぎれもない日蓮自筆の文書である。日蓮遺文の根本をなすものであり、写本や刊本にて伝承される遺文も、原本たる直筆がなければならないものである。その真蹟の残存形態は、A真蹟現存、B真蹟断片現存、C真蹟断簡現存、D真蹟曽存の四種類に分類できる。

まずAの真蹟現存は、日蓮の真筆が完璧な形で存している（完存）、あるいはほんの一部分が消失のため確認ができないが、ほぼ完璧な形で存している（ほぼ完存）遺文を指す。たとえば、著作の題号以下末文まで完全に現存、あるいは書簡であれば本文・日付・宛所まで書状としての完全な形を伝えているものは完存にあたる（たとえば、『観心本尊抄』〈国宝・千葉県法華経寺所蔵〉）。また、ほぼ完存は本文の中間の一部が欠失しているものになる（たとえば『立正安国論』〈国宝・千葉県法華経寺所蔵〉全三十六紙中第二十四紙が欠けている）。つまり、日蓮の筆跡を完璧、ほぼ完璧に解読することが求められるもの、文献学的にはもっとも信憑性のある遺文であることは間違いないものといえる。なお、これに該当する現存遺文数は、百四十二篇である。

つぎのB断片現存に関しては、真筆は存しているのであるが、完存やほぼ完存ではなく、たとえば真筆は全体の三分の二とか、半分あるいは三分の一しか現存せず、欠失している部分は写本を補って一遺文として成立しているものが該当する。日蓮の直筆が現存する部分は問題はないとしても、欠損している部分と、今日伝承されている写本とを検証することに留意しなければならないかもしれない。けれども、日蓮の意図を十分にうかがうことのできる遺文として受け止めることができよう。なお、この種類に該当する遺文数は二十九篇確認できる。

つづいて、Cの断簡現存とは、その当該する文字は日蓮の直筆で間違いないが、伝存形態が切れ切れになってしまったため、収録されている遺文のどこに該当するかが不明なものにあたる。たとえば、一紙十余行のものから数行・一行数字のものまで現存している。この断簡の数は、後述する『昭和定本』に収録されているものは三百九十二点にのぼる。

次のD真蹟曽存とは、かつて日蓮の真筆は現存していたが、不慮の災害によって失われたものを指す。真蹟の多くは、教団の寺院に秘蔵し護られてきた。しかし、その寺院が地震や台風などの自然現象が原因となって起こる天災や、戦火や失火など人が起こした人為的災害などによって貴重な財産を失うこともあった。つまり日蓮の真筆が失われたこともあったと考えられる。ただし、この真蹟曽存にあたるのは、一八七五（明治八）年、日蓮宗総本山身延山久遠寺（山梨県）で発生した大火によって焼失した真蹟である。曽存と確証できるのは、真筆の存在を記録している史料（『身延山久遠寺御霊宝記録』など）や、身延の貫首による真蹟との対照本の存在によって、その所在と真蹟であることは明らかであることによる。そのため、信憑性を有しているのである。

なお、これに該当する遺文は、二十五点を数える。

このように見てくると、日蓮の真蹟現存の多さがあらためて看取できる。なお、近年池田令道の研究によれば、新可されたものが百八点発見されていることが知られている（「日蓮遺文の編纂と刊行」）。

つぎの写本は、日蓮の直弟子、あるいは滅後の者によって写されたものである。日蓮は、一部の遺文については数回書写しているが、これは特殊な事例であって、基本的に一つの著作や書簡に対しては一つしか存しない。たとえば、それが教義書であるなら、弟子達は研鑽のためのテキストとするための書写が不可欠であった。弟子達は、日蓮の教説を体得するために日頃から遺文の蒐集と書写に力を注いだ。これら写本の蓄積は膨大な数に上る。この写本について、真蹟との関連を含めて分類を試みると、

ａ真蹟と写本が存していること。

ｂ真蹟は消失したが、写本は存していること。

ｃ真蹟の残存は確認できないが、日蓮の直弟子の写本、あるいは直弟子に準ずる者が書写した写本が存していること。

ｄ真蹟の残存は確認できないが、前ｃに挙げた人物以降の者による写本が存していること。

の四種に見ることができる。

すなわちａの場合は、真筆が完存あるいはほぼ完存であれば、写本に頼る必要はないかもしれ

ない。その一方で、当該の真筆と写本とを文献学的視点から比較検討することによって、当該写本の信憑性のバロメーターとして検証できるのではなかろうか。

bの場合は、真蹟断片現存あるいは真蹟曽存における欠失している部分に、写本を用いて補うという作業であるが、前述したとおり、十分に対比検討することに留意する必要があろう。

cに関しては、真蹟の確認ができず、写本からアプローチする方法しかない場合、その写本が日蓮の直弟子・孫弟子の書写本として伝承されている場合である。今日の文献学的考察からも、あらためて直弟子等の筆跡であるかという検証が必要であり、その価値は十分に保持されなくてはならない。かりに直弟子や孫弟子であったとしても、価値の保持がなければ、日蓮遺文の文献としては二次的なものに該当し、慎重を期すべきであろう。

dの場合は、日蓮遺文の文献としては二次的なものであって、前述の真蹟に該当する遺文が、日蓮の教義の中心的部分を形成していると見なすならば、あくまでも外延部分に位置づけられると考える。すなわち、日蓮滅後の教学者が日蓮教学をいかに体得し理解しようとしたのかを考証するうえでは必要かもしれないが、日蓮教学の根幹に関わる文献としては問題があり、とくに慎重にならねばならないであろう。

このように見てくると、写本による日蓮遺文を用いるときには、真蹟との比較検討が必須であると指摘できる。しかもdに該当する写本は、遺文としては二次的であるにも関わらず、『昭和定本』の正篇と図録に真蹟とともに収録されているのである。したがって、すべて日蓮が書いたものであると認識し、躊躇なく用いることは問題であり、浅井が指摘する遺文の矛盾や対立関係は解決することは出来ない。そこには、私たち自身が遺文の真偽を精査し、分類して宗学をたずねる作業が必要と言えよう。

五　おわりに

以上、日蓮宗における宗学の解釈と方法論という課題のもと、近代以降の先学達によって展開されている宗学について、文献学としての祖書学を提唱した浅井要麟の宗学論に着目し、そこから見られる日蓮遺文の取り扱いを踏まえながら少しく考察してきた。

現在の日蓮遺文における真蹟の多さには驚かされる。日蓮自身が書いた文章を、その時代その時代における門下の僧侶や信徒達が、遺文を大切に護ってきた結果が、今の私達に恩恵をもたらしていると言えよう。そのお陰で真蹟遺文を中心とした宗学研究が進められて現在に至っている。であるからこそ、遺文の基本的取り扱いは、真蹟遺文と直弟子写本遺文を中心とする第一次資料を用い、真蹟や曽存がなく、日蓮の直弟子以降の写本のみが伝わる、いわゆる二次的なものに当たるものは、第二次資料として一度横に置くべきであろう。忠実に真蹟遺文とそれに準ずる遺文を用いて宗学をたずねることが、日蓮に問い続ける基本的方法論であると認識したい。この基本的作業によって、矛盾や対立が見られる遺文を、文献的祖書学の視点から追求した浅井が提唱した標準遺文から展開する宗学を継承することができるのではないだろうか。

ところで、近年パソコンを活用したデータベースの構築によって、日蓮遺文もデジタル化されているものがある。すなわち『日蓮宗電子聖典』（CD—ROM版）や、種類によってはインターネットによって公開されているものも存する。すでに日蓮遺文は、研究者や信仰者のみならず、他の学際的分野においても有益な資料として活発になりつつある。宗学の新たな未来とその可能性をみることができるであろう。しかし、様々な学問分野で遺文が活用されるには、浅井の提唱している現代宗学に耐えうる遺文を開示しなくてはならない。それには、真蹟現存遺文を中心に置く姿勢を主張し、未来に伝えていくことが必要ではなかろうか。

〈参考文献〉

浅井要麟「祖書鑽仰の先決条件（上）—専門宗学者の任務—」『法華』第一八巻一〇号、一九三一年。
——「祖書鑽仰の先決条件（下）—専門宗学者の任務—」『法華』第一八巻一二号、一九三一年
——『日蓮聖人教学の研究』平楽寺書店、一九四五年。
池田令道「日蓮遺文の編纂と刊行」『日蓮の思想とその展開—シリーズ日蓮2—』春秋社、二〇一四年。

庵谷行亨「宗学研究について」『中村瑞隆博士古稀記念論集　仏教学論集』春秋社、一九八五年。

北川前肇『日蓮教学研究』平楽寺書店、一九八二年。

――「日蓮教学における顕本論」『日蓮の思想とその展開―シリーズ日蓮2―』春秋社、二〇一四年。

古河良啓「宗学について」『現代宗教研究』第四九号、二〇一五年。

小松邦彰「日蓮遺文の系年と真偽の考証」『日蓮の思想とその展開―シリーズ日蓮2―』春秋社、二〇一四年。

――「日蓮教学の体系化」『日蓮の思想とその展開―シリーズ日蓮2―』春秋社、二〇一四年。

――「日蓮教学研究の現状と課題」『日蓮の思想とその展開―シリーズ日蓮2―』春秋社、二〇一四年。

執行海秀『日蓮宗教学史』平楽寺書店、一九五二年。

日蓮宗事典刊行委員会『日蓮宗事典』日蓮宗宗務院、一九八四年。

望月歓厚『日蓮宗学説史』平楽寺書店、一九六八年。

立正大学日蓮教学研究所『昭和定本日蓮聖人遺文』身延山久遠寺、一九五二年。

――『日蓮聖人遺文辞典（歴史篇）』身延山久遠寺、一九八五年。

――『日蓮聖人遺文辞典（教学篇）』身延山久遠寺、二〇〇二年。

渡邊寶陽「宗学論―宗学論の回顧と展望―」『現宗研所報』No.三、一九六九年。
――『日蓮宗信行論の研究』平楽寺書店、一九七六年。

「宗学」に関する先行研究一覧

	著者	論題	所収	刊行年月日
1	北尾日大	「宗学及宗門教育の原理」	『大崎学報』第六一号（日蓮宗大学同窓会）	一九二一（大正十）年十月
2	北尾日大	『本化宗学綱要』（平楽寺書店）		一九二三（大正十二）年四月
3	北尾日大	「信仰と研究」	『大崎学報』第七〇号（立正大学同窓会）	一九二六（大正十五）年十二月
4	宮崎浅次郎	「宗教に於ける批判原理―教学者及信仰家の批評立場―」	『大崎学報』第七〇号	一九二六年十二月
5	浅井要麟	「祖書鑽仰の先決条件（上）―専門宗学者の任務―」	『法華』第一八巻一〇号（法華会）	一九三一（昭和六）年十月
6	浅井要麟	「祖書鑽仰の先決条件（下）―専門宗学者の任務―」	『法華』第一八巻一二号	一九三一年十二月

7	山川智應	「宗学に於ける現在の諸潮流と吾等の態度」	『大崎学報』第八〇号（立正大学出版部）	一九三二（昭和七）年二月
8	遠藤是妙	「宗学の淵源」	『棲神』第二〇号（祖山学院同窓会文学部）	一九三五（昭和十）年一月
9	室住一妙	「日蓮宗学新指針」	『棲神』第二〇号	一九三五年一月
10	真野正順	「宗学組織論」	『大崎学報』第八六号	一九三五年七月
11	室住一妙	「純粋宗学の理念と其の発展」	『棲神』第二三号	一九三七（昭和十二）年十二月
12	室住一妙	「即身成仏研究序説」	『棲神』第二四号	一九三八（昭和十三）年十二月
13	武田海正	「宗学試案の中から」	『棲神』第二五号	一九四〇（昭和十五）年二月

14	室住一妙	「純粋宗学本質論の資料と問題―即身成仏研究本論　第一篇　問題学的究明その一―」	『棲神』第二五号	一九四〇年二月
15	馬田行啓	「宗学の不変性と可変性」	『清水龍山先生古稀記念論文集』（清水龍山先生教育五十年古稀記念会）	一九四〇年十二月
16	安永弁哲	「宗学私観―吾等は如何に宗学すべきか―」	『清水龍山先生古稀記念論文集』	一九四〇年十二月
17	室住一妙	「新体制下における本質宗学よりの提題」	『棲神』第二六号	一九四一（昭和十六）年三月
18	茂田井教亨	「宗学断想―日蓮宗に於ける最近の問題に関聯して―」	『立正大学論叢』創刊号（立正大学論叢編輯部）	一九四一年十一月
19	室住一妙	宗学とは何ぞ	『棲神』第二八号	一九四三（昭和十八）年六月

20	塩田義遜	『日蓮宗宗学概論』（平楽寺書店）		一九四三年十一月
21	浅井要麟	『日蓮聖人教学の研究』（平楽寺書店）		一九四五（昭和二十）年十二月
22	吉村孝一郎	「祖書学と宗学」	『法華』第三五巻一号	一九四八（昭和二十三）年六月
23	室住一妙	「宗学をつらぬくもの」	『法華』第三五巻三号	一九四九（昭和二十四）年二月
24	執行海秀	「宗教の領域と宗学の課題」	『日蓮宗教学研究発表大会紀要』第一集（日蓮宗教学研究会）	一九四九年三月
25	綱脇龍妙	「日蓮宗学の現代的徹底単純化と人間礼拝」	『日蓮宗教学研究発表大会紀要』第一集	一九四九年三月
26	長谷川正徳	「現代宗学の課題―方法に就いての一私見―」	『日蓮宗教学研究発表大会紀要』第一集	一九四九年三月

27	茂田井教亨	「宗学私見」	『日蓮宗教学研究発表大会紀要』第一集	一九四九年三月
28	安永弁哲	「日蓮宗学の主体性」	『日蓮宗教学研究発表大会紀要』第一集	一九四九年三月
29	渡邊日宣	「宗学の組織について」	『日蓮宗教学研究発表大会紀要』第一集	一九四九年三月
30	鴨宮英迅	「根本宗学上より唱題往生論を提唱す」	『大崎学報』第九七号（立正大学宗学研究所）	一九五〇（昭和二十五）年六月
31	齋藤龍遵	「一代五時の徹底と『いのり』の宗学」	『大崎学報』第九七号	一九五〇年六月
32	竹田日潤	「永遠の過去より久遠の未来に到るまで永久の現代として必要なる当家の基本宗学」	『大崎学報』第九七号	一九五〇年六月

33	長谷川正徳	「現代における教学の問題」	『大崎学報』第九八号	一九五一（昭和二十六）年七月
34	室住一妙	「現代宗学の基本問題」	『大崎学報』第九八号	一九五一年七月
35	米田淳雄	「宗学の根本的立場」	『望月歓厚先生古稀記念論文集』（望月歓厚先生古稀記念会）	一九五一年十一月
36	室住一妙	「純粋宗学の綱領的展開」	『棲神』第二九号	一九五三（昭和二十八）年九月
37	芹沢寛哉	「教義と教学」	『棲神』第二九号	一九五三年九月
38	茂田井教亨	「宗学観に於ける個的立場と種的立場」	『棲神』第二九号・『大崎学報』第一〇三号（再録）	一九五三年九月・一九五五（昭和三十）年六月
39	大嶋忠雄	「日蓮（真正）仏教学の本質と課題について」	『大崎学報』第一〇一号	一九五四（昭和二十九）年七月

40	41	42	43	44	45	46
室住一妙	室住一妙	有光友逸	森川博祐	室住一妙	室住一妙	室住一妙
「純粋宗学における主体性」	「宗祖の主体性を究明するについての方法論的考察―伝記の扱い方―」	「実践宗学としての如来行」	「進歩宗学とは何ぞや」	「われらはなにをなすべきか―現代と対決するものとして問題学的に考える―」	「建設のための吟味―純粋宗学における問題学的領域―」	「体系といふこと」
『大崎学報』第一〇一号	『大崎学報』第一〇三号	『大崎学報』第一〇三号	『大崎学報』第一〇三号	『棲神』第三〇号	『棲神』第三一号	『棲神』第三二号
一九五四年七月	一九五五年六月	一九五五年六月	一九五五年六月	一九五五年十月	一九五六（昭和三十一）年十月	一九五八（昭和三十三）年三月

47	室住一妙	「宗学における体系の問題」	『棲神』第三二号	一九五八年三月
48	望月歓厚	「序」	『日蓮教学研究』（平楽寺書店）	一九五八年十一月
49	室住一妙	「体系の展開」	『棲神』第三三号	一九五九（昭和三十四）年十二月
50	室住一妙	「自己批判の問題点―純粋宗学の問題学的素描」	『大崎学報』第一一二号	一九六〇（昭和三十五）年十二月
51	室住一妙	「体系的対決」	『棲神』第三四号	一九六一（昭和三十六）年三月
52	茂田井教亨	「宗学の客観性―跋にかえて―」	『観心本尊抄研究序説』（山喜房佛書林）	一九六四（昭和三十九）年一月
53	望月歓厚	「序」	『観心本尊抄研究序説』	一九六四年一月
54	上原専禄	「日蓮遺文をどう読むか」	『日本古典文学大系82』（岩波書店）	一九六四年四月

55	真野正順	『仏教における宗観念の成立』（東京理想社）		一九六四年十二月
56	芹沢寛哉	「宗学の論理と表現」	『大崎学報』第一二一号	一九六七（昭和四十二）年七月
57	執行海秀	「望月先生の宗学」	『大崎学報』第一二三号	一九六八（昭和四十三）年六月
58	室住一妙	「宗学論について」	『大崎学報』第一二三号	一九六八年六月
59	渡邊寶陽	「望月先生を偲ぶ」	『大崎学報』第一二三号	一九六八年六月
60	望月歓厚	「宗学各論」	『大崎学報』第一二三号	一九六八年六月
61	室住一妙	「宗学論私議―創造宗学への理解―」	『棲神』第四一号	一九六八年十一月

62	渡邊寶陽	「宗学論―宗学論の回顧と展望―」	『所報』No.三（日蓮宗現代宗教研究所）	一九六九（昭和四十四）年三月
63	上原専禄	「日蓮認識の諸問題」	『日本の思想』四	一九六九年十一月
64	室住一妙	「随想　宗宣書おぼえがき」	『棲神』第四二号	一九七〇（昭和四十五）年三月
65	上田本昌	「松木本興先生の教化と近代宗学」	『棲神』第四二号	一九七〇年三月
66	室住一妙	「純粋宗学と現代」	『所報』No.四	一九七〇年三月
67	茂田井教亨	「宗学的思考について」	『仏教学論集』第八号（立正大学大学院仏教学研究会）	一九七一（昭和四十六）年十二月
68	勝呂信静	「宗学研究上の二、三の問題点」	『日蓮教学の諸問題』（平楽寺書店）	一九七四（昭和四十九）年十二月

69	室住一妙	「現代を活かす宗学について」	『現代宗教研究』第九号（日蓮宗現代宗教研究所）	一九七五（昭和五十）年三月
70	茂田井教亨	「付嘱有在」	『日蓮教学研究所紀要』第二号（立正大学日蓮教学研究所）	一九七五年三月
71	疋田英肇	「純粋宗学への道」	『棲神』第四八号	一九七五年十月
72	茂田井教亨	「宗学とは何か」	『棲神』第四八号	一九七五年十月
73	上原専禄	「本を読む・切手を読む」	『クレタの壺―世界史像形成への試読―』（評論社）	一九七五年
74	茂田井教亨	「序」	『日蓮宗信行論の研究』（平楽寺書店）	一九七六（昭和五十一）年一月
75	茂田井教亨	「宗学研鑽上の課題」	『大崎学報』第一三一号	一九七八（昭和五十三）年九月

76	茂田井教亨	「宗学断想」	『御遺文研究』第九号（立正大学御遺文研究会）	一九七九（昭和五十四）年一月
77	茂田井教亨	『日蓮教学の根本問題』（平楽寺書店）		一九八一（昭和五十六）一月
78	北川前肇	「問いの宗学」	『御遺文研究』第一二号	一九八二（昭和五十七）年一月
79	茂田井教亨	「序」	『日蓮聖人教学研究』（山喜房佛書林）	一九八四（昭和五十九）年二月
80	庵谷行亨	「宗学研究について」	『中村瑞隆博士古稀記念論集　仏教学論集』（春秋社）	一九八五（昭和六十）年二月
81	室住一妙	『純粋宗学を求めて』（山喜房佛書林）		一九八七（昭和六十二）年三月
82	茂田井教亨	「序」	『純粋宗学を求めて』	一九八七年三月

83	北川前肇	『教学の学び方』（本門法華宗学院）		一九九二（平成四）年
84	河村孝照	「宗学研究の方法論について」	『日蓮教学研究所紀要』第三〇号	二〇〇三（平成十五）年三月
85	花野充道	「日蓮の生涯とその思想」	『日蓮の思想とその展開―シリーズ日蓮2―』（春秋社）	二〇一四（平成二十六）年十一月
86	古河良啓	「宗学について」	『現代宗教研究』第四九号	二〇一五（平成二十七）年三月

近世天台教学とテキスト

中川仁喜

一　はじめに

場違いな話で恐縮だが、日本近世文学の世界で「和本リテラシー」という言葉が中野三敏氏により提唱されて久しい。狭義にはくずし字の解読能力であるが、広義には、江戸時代末までに書写もしくは版行された古典籍をどう読み、理解し、活用していくかといった、日本古典籍に関わる総合的な能力を指す。原本講読主義とも言えるだろう。この言葉は当該分野で好意的に受け入れられ、啓蒙されている。しかしその活動とは裏腹に「和本リテラシー」が教授の場において積極的に受け入れられ、機能しているとは言いがたい現実がある。最大の理由は、原典に触れる機会が以前に比べて大幅に減ったこと、前近代の書体であるくずし字の解読能力が衰退をたどっているからであろう。さらに、学術分野における情報化が急速に進み、原本に触れずともテキストデータで内容を検索でき、簡易に引用が可能な社会となったことも一因といえる。教育現場や研究者の原本離れは、文学のみならず人文系研究界の切実な課題である。そしてこれは宗学においても同様の状況が言えるのではないか。

宗学とは宗派における固有の学問を指すが、現在の宗学が確立したのは近代に入ってからである。その母体とも言える近代仏教学では『大正新脩大蔵経』が、基礎文献としての役割を果たしている。しかしながら『大正新脩大蔵経』や『国訳大蔵経』『大日本仏教全書』等に所収されていない未翻刻文献も膨大に存在する。それらは版本・写本の原本形態で、寺院や大学附属図書館等の所蔵者、もしくは資料館や研究機関等に所蔵されているが、保存や手続の事情により容易に閲覧できない場合が多い。近代の宗学を理解するためには、その系譜に連なる江戸期の宗派教学に遡って理解することが求められる。またそれを理解しようと欲するなら、江戸期の文献講読も必要不可欠となるだろう。

筆者は天台宗徒であるが専門が歴史学であり、宗学を語るにはまことに心許ない立場にある。しかしながら、すくなからず寺院調査に携わり、多くの史料（古文書・古記録・典籍・聖教類）を閲覧、調査する機会を得てきた。そこで本稿ではその経験から、天台宗学の母体となる近世天台教学を考える上で、それを牽引した文献のいくつかを史料学、書誌学の観点から紹介したいと考える。

二　『天台寺門宗教文化資料集成　教学編　大宝守脱関係資料群』の紹介

天台寺門宗総本山園城寺（三井寺）では、二〇一四（平成二十六）年に宗祖智証大師円珍の生誕千二百年を迎えた。円珍の業績や著作を集成した成果は『智証大師全集』（園城寺編、一九一八年）等がある。また園城寺に遺存する歴史史料全般については、『園城寺文書』全八巻（講談社、一九九八〜二〇〇四年）等が刊行されて研究に寄与している。その成果を受け継いで、園城寺では『天台寺門宗教文化資料集成』の刊行を記念事業として開始した。二〇一七（平成二十九）年の現段階で教学編、国語・国文学編、仏教美術・文化財編が随時刊行されている。その教学編として、大宝守脱関係資料群が選ばれた。刊行の経緯および守脱の経歴については、同資料集の解説に詳しい（天台寺門宗教文化資料集成教学編編纂委員会編、二〇〇九年）。

大宝守脱《だいほうしゅだつ》（一八〇四〜一八八四）は幕末から明治期にかけて活躍した天台宗の碩学である。守脱は一八一九（文政二）年比叡山横川の安楽律院に入り、聖宝守良の室に投じた。その後、当代随一の学僧慧澄痴空《えちょうちくう》（一七八〇〜一八六二）に随従して顕密教学を研鑽し、安楽律院や日光山興雲律院の輪番住職を勤め各所で講筵を開いた。しかし痴空の学説に合致しないところが多いとされ、また『秘密儀軌』の講伝を非難される等、安楽派との関係が悪化して園城寺に移り、一八六九（明治二）年に僧籍を寺門派に転じた。守脱は近代化の波に揉まれながらも一八七三（明治六）

年東京天台宗総教黌《こう》で内外典を講じ、一八七五（明治八）年には神仏大教院で『大乗起信論』、一八八〇（明治十三）年には京都西六条大教校で『教誡律儀』等を講じている。そして一八八二（明治十五）年から翌年にかけて本派本願寺大教校で『天台三大部』を開講した。この『天台三大部』講義の聴聞者は斉藤聞精、鈴木法琛、中山玄航、村田寂順、佐伯旭雅、萩野獨園、養鸕徹定、黒田真洞、名和淵海、華園沢称、日野沢依、細川千巌、吉谷覚寿、岩佐普潤、吉水智泉等、明治期の仏教界を牽引する碩学が宗派を超えて参集した。天台教学のみならず儒書や音韻にも通じており、内外の徒を教導しつつ一八八四（明治十七）年に寂した。この守脱の草稿や聖教、文書類が、二〇〇〇（平成十二）年に園城寺勧学院より発見された。そこで園城寺では調査を実施、教学編のみならず『天台寺門宗教文化資料集成』の鏑矢を、大宝守脱関係資料群に決定したのである。その内容は次の通りである。

教学編　大宝守脱和尚関係資料
第Ⅰ期　天台三大部書入板本聖教類（既刊）
第Ⅱ機　既刊著作関係写本類
第Ⅲ期　未刊・新出著作記録、関係手択本類
第Ⅳ期　安楽律関係聖教類

郵便はがき

101-0021

お手数ですが切手をお貼りください

千代田区外神田二丁目十八―六

春秋社

愛読者カード係

＊お送りいただいた個人情報は、書籍の発送および小社のマーケティングに利用させていただきます。

(フリガナ) お名前	(男・女)	歳	ご職業
ご住所 〒			
E-mail		電話	

※新規注文書 ↓(本を新たに注文する場合のみご記入下さい。)

ご注文方法 □書店で受け取り □直送(代金先払い) 担当よりご連絡いたします

書店名	地区	書名	
取次	この欄は小社で記入します		

創業100周年
春秋社
Shunjusha Publishing Company since 1918

ご購読ありがとうございます。このカードは、小社の今後の出版企画および読者の皆様とのご連絡に役立てたいと思いますので、ご記入の上お送り下さい。

〈本のタイトル〉※必ずご記入下さい

●お買い上げ書店名(　　　地区　　　書店　)

●本書に関するご感想、小社刊行物についてのご意見

※上記感想をホームページなどでご紹介させていただく場合があります。(諾・否)

●購読新聞
1. 朝日
2. 読売
3. 日経
4. 毎日
5. その他
(　　　)

●本書を何でお知りになりましたか
1. 書店で見て
2. 新聞の広告で
(1)朝日 (2)読売 (3)日経 (4)その他
3. 書評で(　　　紙・誌)
4. 人にすすめられて
5. その他

●お買い求めになった動機
1. 著者のファン
2. テーマにひかれて
3. 装丁が良い
4. 帯の文章を読んで
5. その他
(　　　)

●内容
□満足　□普通　□不満足

●定価
□安い　□普通　□高い

●装丁
□良い　□普通　□悪い

●最近読んで面白かった本　(著者)　(出版社)
(書名)

春秋社　電話 03-3255-9611　FAX 03-3253-1384　振替 00180-6-24861
E-mail:aidokusha@shunjusha.co.jp

第Ⅰ期は「天台三大部書入板本聖教類」であり、二〇〇九（平成二十一）年に刊行された。本テキストは先述した一八八二年の講義に用いられた、守脱晩年の手沢本である。『天台三大部』のみの本文ではなく、それぞれの注釈も併せた明版合刻本である。その刊行方法は様々な検討がなされたが、結果として高精細デジタル画像によるＤＶＤ出版の体裁をとることとなった。『天台三大部』版本に朱筆・墨筆・青筆など、細緻かつ複雑繁多な書き入れが施されており、さらに大量の貼り入れ紙片が存在することから、活字におこすことが実質的に不可能なことがその主たる理由である（次頁参照）。

この『天台三大部』の存在は一部の研究者間では知られていたらしく、一九五一、二（昭和二十六、七）年頃にも佐藤哲英博士のもとで、青焼きによる複製が試みられた事があった。その青焼きは現在も龍谷大学に所蔵されているが、当時の複製技術の限界によって朱筆と墨筆の判読は難しいものである。さらに青焼きとはいえその貴重性から容易に閲覧、披見することも困難な状況である。デジタル撮影の技術が向上した現代だからこそ、この機会に本文献が利用に堪えうる画質で提供されたと言えよう。

守脱の『天台三大部』に依拠した注釈書類の多くは、そのほとんどが当該版本より引用されて著述、もしくは講義されてきた。守脱に限らず江戸期の天台宗学侶の多くは、厳密な文献批判の姿勢を貫いており、典拠となる文献と引用箇所を著作中で詳細に記述している。その多くは割書で「会疏五之三十紙」や「輔行五之三四十五」など、引用箇所の下部に記述されている。この文

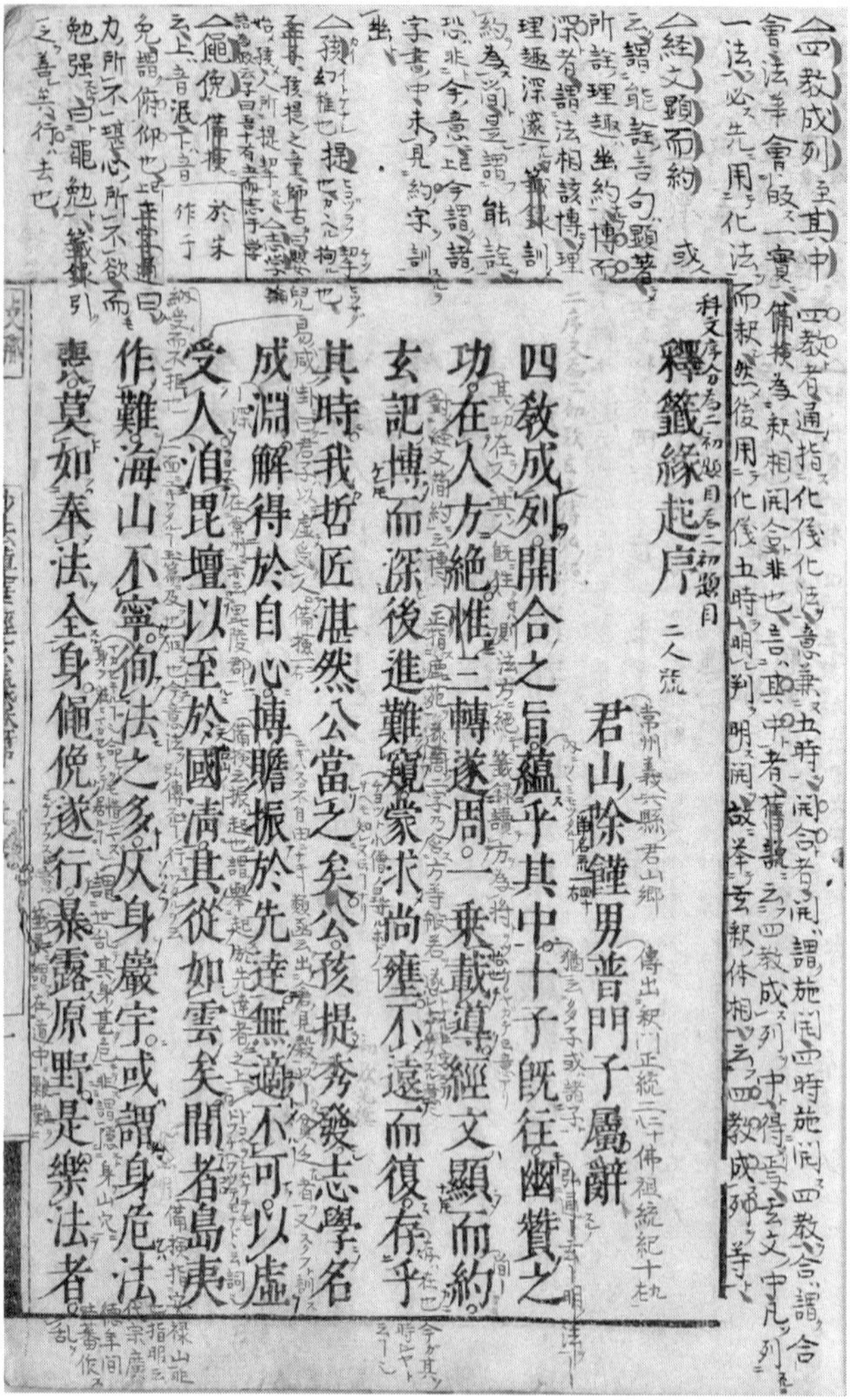
釋籤緣起序　二人疏
君山除鍾男普門子屬辭
四教成列開合之旨蘊乎其中十子既往幽贊之
功在人方絶惟三轉遂周一乘載導經文顯而約
玄記博而深後進難窺棠求尚壅不遠而復存乎
其時我哲匠湛然公當之矣公孩提秀發志學名
成淵解得於自心博贍振於先達無適不可以虛
受人洎毘壇以至於國清其從如雲矣聞者島夷
作難海山不寧向法之多从身巖宇或謂身危法
喪莫如奉法全身僶俛遂行暴露原野是樂法者

『法華玄義釈籤』第１巻

献主義の姿勢は、現在の仏教学にも綿々と引き継がれている。

しかしながら現代において、宗学や仏教学の基本文献は『大正新脩大蔵経』等の活字化されたテキストである。当然『大正新脩大蔵経』所収の『天台三大部』を用いる限り江戸期の文献、たとえば原本をそのまま翻刻した『天台宗全書』所収の守脱著作における丁数はまったく意味をなさない。つまるところ江戸期の文献を読んでいても、この丁数では現在我々が用いる『大正新脩大蔵経』、もしくはインターネット上で検索可能なテキストデータでは当該箇所に行きあたらない。高精細デジタル画像によるＤＶＤ出版を選択した理由には、当時巷間に流布していた基礎的文献を研究者に提供する意図も含まれている。今後も刊行、公開される本資料群は、天台宗学に裨益すること大であろう。

三　近世天台教学の成立と安楽律復興運動

天台宗に限らず、宗派組織を確立した近世仏教は、テキストの普及を通じて宗派内の教理を定着させたといってよい。結果として教理のテキスト化は、宗派全体に強制力を及ぼすこととなる。近世は出版文化の時代であり、仏教がその影響と恩恵をもっとも享受した分野であることは疑いようがない。そのことから近世仏教学は、技術、流通ともに高度に発展し、全国に影響力を及ぼすに至った出版文化のもとで醸成されたと言っても過言ではないだろう。そのため、教理・唱導・説話等のテキストを個別に取り上げた研究は枚挙に暇が無い。しかし近世における版本を中心とした仏教テキストと、宗派教学形成の関係性にまで言及した研究は少なく、天台宗に至っては管見の限り見られない。

近年曽根原理氏により、近世天台宗の時期区分を三期とする考え方が示されている（吉原浩人・王勇編『海を渡る天台文化』勉誠出版、二〇〇九年）。これによると天台宗における近世は、戒律復興運動である安楽律の動向を主体に理解され、安楽律を奉ずる安楽派が天台宗の教学を主導した第一期、反安楽派が主導権を握った第二期、安楽派が復活した三期に区分されている。曽根原氏の指摘する三時期に近世天台教学の再検討がおこなわれた事は肯首できる。しかし織田信長による元亀法難からの復興を遂げた近世初期の教学は、中世口伝法門を主体とした中古天台の残滓が残る中世期として理解されている。そして近世後期から幕末にかけて興隆した顕密教学の研鑽時期は、安楽派の復活期である第三期に組み込まれている。筆者はこの両時期にも、近世天台宗を構成し得る特色と時代背景が見いだせると考えているが、いずれにせよその背景に仏書出版が大きく影響していたことは、既存の研究ではほとんど語られていない。

安楽律とは、近世中期に妙立慈山《みょうりゅうじざん》（〜一六八八）・霊空光謙《れいくうこうけん》（一六五二〜一七三九）・玄門《げんもん》智幽《ちゆう》（〜一七五二）等によって提唱された天台宗における戒律復興運動である。この運動は僧儀の堕落と頽廃から起きた天台教団内部の自浄作用として語られることが多い。また、江戸期に各宗派において勃興した戒律復興運動の一環としても位置づけられている。安楽律は大小兼学律を主張したことに見られるように、厳粛な戒律主義を標榜するとともに、教理の主体に趙宋天台の四明知《しめいち》礼《れい》（九六〇～一〇二八）の学を据えた。これにより、中世以来の中古天台の教理は衰退し、教学行儀は大いに革まっている。

安楽律の二祖霊空光謙は各地に講筵を開いたため、天台内外に及ぼす影響力は並々ならないものがあった。光謙の著作は六十三部二百余巻といわれ、その多くは版行されているが、その名を広く世に知らしめたのは光謙晩年の『即心念仏安心決定談義本』であろう。本テキストの内容は、寺井良宣氏によって詳細に紹介されている（『天台円頓戒思想の成立と展開』法藏館、二〇一六年）。この聖俗両者を対象に、談義体で念仏安心法を解説した本テキストは大きな反響を呼んだ。光謙が七十六歳の一七二七（享保十二）年末に口授したものが、引用語句の出典を記述した「補助記」を添えて公刊されたもので、結果として三千部に達するベストセラーとなったという。筆者も同書を所有するが、刊本のみならず、貸本屋の手によると思しき写本の存在も確認していることから、この数字もあながち誇張ではないだろう。『即心念仏安心決定談義本』はその内容と影響力故に、園城寺法明律院の性慶《しょうけい》義瑞《ぎずい》（一六六七～一七三七）をはじめ浄土宗の殊意癡・敬首・知空等からも反論された。光謙はその一々に反駁したが、華厳宗の鳳潭《ほうたん》僧濬《そうしゅん》（一六五九～一七三八）が論戦に加わったことで、念仏論争は一挙に拡大したという。その内容についてここでは触れないが、論争の往復が出版によってなされていることは近世の宗派教学のあり方を考える上で注目に値する。主体である『即心念仏安心決定談義本』の影響力から察するに、反駁書も宗内外学僧の刮目するところであったろう。出版が教理を弘めるのみならず、論壇の場として機能している好例である。

さらにこれらのテキストは『大日本仏教全書』宗論部や『続浄土宗全書』第十四巻で翻刻されており、近代以降も重要視されていることが明らかである。とくに『続浄土宗全書』に収録されたことは、浄土宗の念仏義を宗学として理解する上で、この論争が重要な要素であったことを示しているのではなかろうか。

ついで、『台宗二百題』についてもいくつかの課題を指摘したい。『台宗二百題』は天台宗の論義書であり、一七一七（享保二）年の成立以降、江戸期を通じて版を重ねているベストセラーである。その編纂には先述の光謙が主体的に関与しており、近世天台教学の根幹をなすテキストである。本テキストはその必要性から一八九五（明治二十八）年藤谷恵燈氏による『冠導台宗二百題』が刊行され、一九六六（昭和四十一）年に古宇田亮宣氏が『天台宗論義二百題　和訳』を刊行し、宗学の徒に利用の便が図られている。古宇田氏は刊行の辞において、天台宗の各寺院には、法華三十講、台宗二百題、百題自在房等をかならず常備されねばならぬといわれていると指摘している。その上で、和訳にした理由を藤谷氏の縮刷再刊では普及の目的に添わないからと述べている。

天台宗の論義法要である広学竪義（法華大会）の論題はこの『台宗二百題』によっている。広学竪義は天台伝教両大師報恩のため、八宗の精要をみがき、天台法華の玄旨を高論問答することで宝祚の無窮と国家の安泰を祈願する、現在でも天台宗僧侶の登竜門とも呼ぶべき法会である。論義法会に欠かせないテキストにも関わらず、普及を目的とした時に和訳を選択せざるを得なかったのは、宗学としての漢文読解力の衰退を暗示しているのではなかろうか。

『台宗二百題』は近世を通じて天台宗寺院の多くに常備されたテキストである。そのため、論義法会の算題の多くが本テキストに依拠することとなった。結果として『論義示処』と題する主要算題の典拠と丁数のみを示したテキストも出現した。これは前述の『天台三大部』でも述べたが、典拠の版本が閲覧できなければ意味をなさない。共通のテキストが巷間に流布し、江戸期注釈書はその典拠を示して両者は横断的に機能している。翻刻は原本の丁数を無視することが前提とならざるを得ない。江戸期古典籍を中心とする原本の閲覧が年々困難となっている昨今の現状を鑑みるに、これらの開示と提供方法についてさらなる議論が望まれる。

四　近世台密事相の充実と真言宗テキスト受容の歴史的経緯

筆者は近世天台教学の再編がわかる事例として密教事相の整備に着目している。そこにもテキストの刊行と受用が大きく関与しているが、管見の限り言及されていない。ここではそれを示す『天台寺門宗教文化資料集成』教学編の大宝守脱関係資料、第Ⅲ期収録予定の『秘密儀軌』聖宝守良手沢本や華山元慶寺版等の密教聖教について紹介したい。

『秘密儀軌』は大宝守脱所持本であるが、守脱の師である聖宝守良《しょうぼうしゅりょう》（一七六三〜一八五一）手沢本である。守良は比叡山浄土院における十二年籠山侍真を経て安楽律院に入り、日光山興雲律院の輪番住職等を勤めた碩学である。十二年籠山は『開山堂侍真條制』に基づいて止観（顕教）・遮那（密教）両業の一方を専攻し、伝教大師の廟所に給仕しながら天台教学を研鑽する。籠山を満行した学侶は、全国諸山や門跡寺院等で宗徒を教導する立場となり、天台宗内において天台教学を牽引することになる。そしてそのシステムは安楽律復興運動と大きく連動している。守良は十二年籠山中に止観業生でありながら遮那業に傾倒したらしく、結果として天台宗内における密教の第一人者として自他共に認知されるに至った。

『秘密儀軌』は真言宗のテキストである。筆者が調査で実見した限りであるが、天台・真言を問わず密教の基礎文献として諸寺院で一般的に受用されている。本テキストが大蔵経で著名な黄檗版で刊行されたことも普及に貢献している。守良手沢本の書き入れは守良が籠山中に行ったと思われる。近世天台教学の手法による解釈がなされており、儀軌としてよりは経論のテキストのごとく扱われているのが特徴的である。

また、華山元慶寺版の刊記をもつ密教次第類も多く収録予定である。これは守良と同じく十二年籠山の侍真を勤め、遮那業を専攻した妙厳亮範やその弟子恵宅亮雄《えたくりょうゆう》（一七四〇〜一八〇三）によって刊行された台密の事相次第書である。いわば十二年籠山を経た学僧による事相理解の結実とも言える。近世中後期は天台宗内において台密事相の整理と出版が顕著となるが、その多くは翻刻されておらず、研究の俎上にすらあがっていない。この様に原本の存在自体が確認しがたい状況は、天台宗のみならず各宗派も抱える問題ではないだろうか。

さらに第Ⅲ期収録予定の『月天子念誦供養行法』も紹介したい。これは台密ではなく、真言宗安祥寺流（新安流）系統と思しき枡形本である。本来ならば天台教学と関わりないと判断される内容だが、守良伝持本の可能性が高く、一連のパッケージとして収録すべきテキストであると考えられている。先述の華山元慶寺版の内容も真言宗の次第の影響をすくなからず受けている。同様に真言宗の聖教が、守良の密教理解に大きな影響を与えている可能性がある。もっともこれらは現在も調査中であり、より詳細な考察を必要とする。何よりも守良が如何なる経緯で新安流の聖教を入手したのかが今後の大きな課題であろう。いずれにせよ第Ⅲ期収録予定の密教文献類は、守脱や守良の個人研究にとどまらず、近世中後期の台密研究にとっても等閑視できない。近世天台密教事相の整備過程を理解する上で貴重な情報であると言えよう。これらも活字化してしまうとその情報的価値の多くが失われてしまうため、一連の密教テキストも画像による公刊が必須である。

五　幕末の学匠と近代宗学の系譜

最後に幕末期の慧澄痴空が天台宗学の確立に与えた影響について言及したい。

痴空は十歳に安楽律院で剃度、性潭を証明師として菩薩戒を自誓受戒した。その後両部潅頂をつたえ、性脱について『倶舎論』を学んでいる。一八〇九（文化六）年に比叡山無動寺で『倶舎論頌疏』を講じ、一八一二（文化九）年東叡山浄名律院で『玄義文句』を講説した。一八一七（文化十四）年比丘となり、翌年開壇伝法して大阿闍梨となった。一八三〇（天保元）年紀州粉河に十禅律院が創建されるとその開山に招請され、同年浄名律院に入ってもっぱら講説を続けた。浄名律院と東叡山勧学講院は近接しており、痴空が輪王寺宮の侍読となったこともあり、諸宗の学徒は痴空の講義をこぞって聴聞したと言われる。近代天台宗の碩学である岩佐普潤、忍岡守道、山田妙運、桜木谷慈薫、多田孝泉等は皆その門下である。痴空の薫陶を直接受けた大照円朗や赤松光映は、困難を極めた天台宗の近代化に奔走し、八宗の泰斗と称された浄土宗の碩学福田行誡は自他共に認める痴空の門弟である。百巻余とも言われる痴空著作の多くが、東叡山勧学講院蔵版として刊行されるが、これは幕末期における天台宗の公認テキストともいえる。近世天台教学の成熟期に出現した痴空の教導を受けた門弟等が、近代の天台宗学を確立し牽引している。その学脈ともいえる系譜の末端に、現在の天台宗学も存在するのである。

これに鑑みるならば、痴空著作が近代に入って積極的に活字化されなければならない。現実に『仏教大系』では守脱と共に痴空の講説も収録されている。しかし宗学の根底が近世教学の延長線上に存在するならば、痴空著作について利用の便はあまりに貧弱であると言わざるを得ない。その上で私見ではあるが、近代宗学において碩学としての痴空が語られるにも関わらず、テキストは守脱著作が踏襲される傾向が強いように思われる。このことに示唆を与えるのが、『天台寺門宗教文化資料集成　教学編　大宝守脱関係資料群』解説の石井行雄氏の指摘である。石井氏によれば、痴空と守脱の学風を比較すると、テキストの解釈が守脱の姿勢はより光謙の説によっている、つまり保守的な学問体系に則っており、痴空の教説は光謙に対する批判を鮮明にしている部分が見受けられるとされる。つまり守脱が、より近代天台宗学のテキスト解釈の姿勢に通じていると解することもできる。また痴空門下でありながら、守脱の影響をも強く受けた桜木谷慈薫や岩佐普潤が天台宗学校の師範として宗学の確立に貢献したことも興味深い事実である。

六　まとめ

まことに雑駁ながら、近世天台教学に関わる文献を紹介し、近代宗学への影響について考察を試みた。江戸期に天台教学を牽引した学僧の学習・研鑽方法や教理理解をはかる上で、活字になっていない版本・写本類は欠かせない情報である。それにもかかわらず、これらは保存や手続の事情により、容易に閲覧できない場合が多い。のみならず江戸期の文献は、現代において不要な情報として等閑視され、最悪の場合所蔵者の手により処分されてしまう事例すら見受けられる。

もっとも近代における宗学は、成立段階においてテキストを取捨選択し、より限定していく傾向にある。そこには江戸時代に見られた宗内における自由な研鑽や、宗派を横断した議論は見られなくなっていく。和本文化の衰退と活字化による出版形態の劇的な変化も、近世と近代の学問の断絶に拍車をかける結果となったといえるだろう。

しかし繰りかえすように、現代の宗学を理解しようと欲するなら、近世天台教学の形成過程を理解することは必要不可欠である。そしてそれを理解しようと欲するなら、江戸期の文献講読も必要不可欠となるだろう。また、当事者の書き入れや貼紙は本体の版本同様、もしくはそれ以上に重要である。またその情報が、テキスト間で横断的に機能している事も多く、より多くの文献にあたる必要性も生じてこよう。日本近世文学では「和本リテラシー」の必要性が叫ばれて久しいが、まさしく「仏書リテラシー」とも呼ぶべき能力が宗学にも再び求められるのである。

そのためには、原本テキストの残存状況の把握と公開が喫緊の課題となる。そのため、テキストを原体に近似した状態でいかに提示できるかが重要となる。その一例として『天台寺門宗教文化資料集成　教学編　大宝守脱関係資料群』を紹介し、朱筆・墨筆・青筆など、細緻かつ複雑繁多な書き入れや大量の貼り入れ紙片等から活字におこすことが実質的に不可能なテキストに、高精細デジタル画像が有効であることを示した。デジタル画像の解析度と撮影技術が向上した現代だからこそ可能になった文献の提示方法である。

筆者は当初、SAT等既存のテキストデータベースと画像データのリンクや検索におけるグローバル化は、ほぼ不可能であると考えていた。しかし昨今では慶應義塾大学等で、画像にテキストデータをレイヤーで埋め込む方法が試行されるなど、技術面での進歩がめざましい。仏教研究においても、SAT大蔵経テキストデータベースが『大正新修大蔵経』全文テキスト検索閲覧公開後、他のベータベースとの連携を随時進めている。そして、テキスト研究環境の充実を図るため高精細画像による底本や、参考資料の確認を可能にする環境を構築しつつある。それに先だって、インターネット環境の発展により、世界各地の図書館や博物館、研究機関に所蔵されている原本の画像公開が進んでいることも研究者にとっては喜ばしいことである。テキストデータと画像が横断検索、閲覧できるようになれば研究の利便性は飛躍的に高まり、宗学研究の可能性がより広がるだろう。

技術の発展と研究者や技術関係者の努力によって、デジタルコンテンツ化は今後ますます加速するであろう。同時に、今なおその俎上にあがらない無数の文献が存在することも事実である。インターネット情報の危険性は、検索により得た情報のみで理解されてしまうことである。デジタル化された情報による利便性と従来の原本踏査、この両者のさらなる充実が、今後宗学に求められていくことになるだろう。

なお本稿執筆にあたり、天台宗寺門派総本山園城寺・同執事長福家俊彦師、および北海道教育大学釧路校石井行雄准教授には資料紹介の許可とご高配をたまわった。また石井氏には調査において各文献の問題点をご教示いただき、本稿はそれをもとに論じている。記して感謝申し上げたい。

宗学の未来像

柴田泰山

一　はじめに

実証主義のもとあらゆる学問知が形成された近代的学問の中にあって、近代仏教学も近代宗学も自ずと文献学的あるいは歴史学的な傾向がきわめて強いものとなった。もちろんこれら近代仏教学や近代宗学の学問的業績は多大であり、現在の仏教学も宗学もこの近代的学問知の上に成立している。同時に、近代的学問が魔術や呪術や霊魂などの存在と脅威から意図的に眼をそむけ、近代仏教学が仏の存在や信仰の意味や儀礼の意義に背を向けたように、本来ならば長い時間をかけて自宗が伝えてきた実践行や信仰や儀礼の意味と意義を主体的に考察すべき宗学も、自らが近世まで伝統的に伝えてきたさまざまな知識に対して、いつしか積極性を失っていった。

しかし近年、近代的学問における方法や知識の限界が提示され、近代仏教学の反省などが行われていく中、近世仏教が見直され、あるいは死者論などが議論される中で、ようやく宗学も救済の原理、先祖の存在、儀礼の意義などを自らが問い直し、そして考え直す時期に直面してきた。このような時期だからこそ、宗学そのものが自らの学問性と存在意義を問い直す必要がある。そして宗学を基点として、近代仏教学や現代思想に対して、この現実世界に到来する仏の存在、自己と仏との呼応と関係、圧倒的な存在感と威圧感を有する死者の存在、死の向こう側の世界など、これら諸問題について議論を進め、現代そして未来における仏教の存在意義を発信し続けなければならない。また、このことはこれまで日本仏教を担ってきた宗学が行うべきことであり、ここにこそ宗学の未来がある。

そこで本稿では日本仏教各宗の内部的教義体系として連綿たる歴史と伝統と知的蓄積を有する宗学をひとつの学問的領域として捉え、宗学の現状と課題を整理することで、今後の宗学の未来像について検討を試みたい。

二　宗学とは何か

仏教研究の歴史を通観すると、インド仏教や中国仏教においてはさまざまな学派的存在は確認することができても、ひとつの宗派内の学問のみではじめから自己完結した研究領域や研究方法はほとんど見ることができない。むしろインド仏教や中国仏教においては、宗派そのものが自己完結した存在であることが稀有な事象であり、たとえば中国において仏教が本当の意味での「中国の仏教」となっていった宋代以後の仏教などを見ても、教義的にも実践論的にも積極的な諸宗融合の形態を取っている。しかし日本仏教の独自性でもあり、かつ特異性でもある、日本仏教内における諸宗の存在は、一宗派の存在そのものが全仏教思想史の結実的存在となっていった。この日本仏教独自の存在である諸宗の学問体系が宗学であるということは、インド仏教や中国仏教には学派は存在しても宗学は存在せず、宗学という存在もまた日本仏教における顕著なる独自性と特異性の一面である。

また多様にして個々が独立した宗派性が日本仏教の特徴であるということは、各宗それぞれの存在がそのまま日本仏教であり、各宗内の教理体系である宗学こそが日本仏教の教理学でもあり、宗学が今日までの日本仏教を内部から支え、日本仏教の教理学はそのまま諸宗の宗学でもある。

このように考えると、諸宗の宗学の存在は確かに各宗派の内部構造的学問であり、きわめて閉鎖的な学問領域であり、宗派の存続と後継者養成の責務を有する学問であるとともに、見方を変えると宗学こそが日本仏教の内実であり、日本仏教の歴史を支えてきた支柱とも読み取れる。

ここで留意したい点は、この「日本仏教」という視座である。近世における仏教研究は必然的に個々の宗学の範疇であり、そのため諸宗を通観した視点や、日本における仏教そのものの展開過程への視点というものは未形成な状況であったといえよう。日本において「日本仏教」そのものが研究の対象になったのは明治以後であり、村上専精や島地黙雷などによって日本仏教を統合的に取り扱う「日本仏教史」という研究領域が開示され、十九世紀末から二十世紀初頭にかけて日本仏教史の中でもとくに鎌倉仏教が大きく着目されることとなった。もう少し具体的に見てみよう。一八八四年に織田得能と島地黙雷が『三国仏教史』を刊行後、一八九〇年に村上専精が『日本仏教一貫論』を、織田得能が『三国仏教略史』を刊行、そして一八九四年に村上専精と境野黄洋と鷲尾順敬らが雑誌『仏教史林』を発刊している。一八九五年に仏教各宗協会編『仏教各宗綱要』十二巻が刊行、一八九六年に村上専精と鷲尾順敬と境野黄洋が『大日本仏教史』を刊行、一八九八年には村上専精が『日本仏教史綱』を刊行している。一九〇三年に鷲尾順敬が『日本仏家人名辞典』を刊行、一九〇九年に望月信亨が『仏教大年表』を刊行している。また一九一一年に原勝郎が『日本中世史の研究』で鎌倉仏教の中世的独自性に着目し、一九一九年には辻善之助が『日本仏教史之研究』を刊行している。このように村上専精・島地黙雷・境野黄洋・鷲尾順敬などによって各宗別という視点から日本仏教という視点へと移行が行われた。これは西欧から近代仏教学の手法と成果が次々に移入される中で、村上専精らが従来の各宗別の教団史と教学を統合することでインド仏教や中国仏教に対して日本仏教の存在と研究の重要性を主張しようとしたものであり、村上専精のいわゆる「仏教統一論」の論理的な基盤を形成したものと思われる。また清沢満之や田中智学もほぼ同時代に著作活動を行い、清沢満之は一八九二年に『宗教哲学骸骨』を刊行、一九〇一年に雑誌『精神界』を発刊するなどして、現在の親鸞教学研究の基礎を構築した。田中智学は一九〇一年に『宗門之維新』を、一九〇二年に『本化摂折論』を、一九〇三年に『本化妙宗式講義録』を刊行し、独自の日蓮主義を提唱した。

このように明治において「日本仏教」が歴史体系の構築からはじまり、そして日本仏教の中でもとくに宗派的にも思想的にも影響力が強い親鸞や日蓮などが、続々と輸入される西欧文化に対する日本独自の思想家として着目され宣揚される中で、徐々に日本仏教研究が進展していった。そして「宗学」が、ひとつの学問領域として大学における研究対象となるのは、まさにこの日本仏教研究の進展と軌を一にしているのである。

三　宗学の歴史

日本仏教が明らかなる宗派性を有し、かつこの宗派性が固定化したのは、徳川家康による宗教統制政策ならびに近世の宗教行政が深く関与し、現在のような寺院や僧侶の宗派的固定化は近世になってようやく確定するものである。そして江戸幕府の宗教統制のもと、世界でも稀に見る檀家制度が成立し、一宗派が独立した存在となり、個々の宗派が全仏教思想史の帰結的存在となっていった。いうなれば日本仏教の独自性と特異性でもあるこの宗派性は、近世になって確立したものである。その意味で宗学の存在が固定化するのは近世であり、南都仏教が平安仏教の思想的素地を形成し、平安仏教が中世仏教の基盤を形成し、室町時代に教団化の構造を形成していたからこそ、近世初頭に宗派仏教が構築され、同時に檀林をはじめとする教育機関も整備され、宗学の伝授と相伝の体制が整備されていくこととなる。そして近代になり、各教団が自宗の後継者養成を目的として学校運営に乗り出し、宗学研究の場所が檀林から大学へと移行していき、今や宗学の研究と教育は各宗派専門機関と大学などの高等教育機関で実施されている。むしろ現在の仏教学も宗学も大学内で研究されることが自明の理のようにさえなっていて、その歴史的経緯も、あるいはこの状況そのものを問い直すことさえも、あまり行われることがなかった。

では日本仏教はいつから「宗義」や「宗乗」、そして「宗学」という学問領域的な概念を有したのであろうか。近世にも「宗義」や「宗乗」という術語は用例を確認することができるが、個々の宗派の教判的内容を指示するものであり、現在のように個々の宗派の教義体系を指示するものではない。また「宗学」という術語の用例は近世までの文献には見出し難い。換言すれば現在の個々の宗派単位の内的学問領域を指示する「宗義」や「宗乗」や「宗学」という概念は近代以後のものであろう。近代以後、各宗派が大学による僧侶養成を実施していくようになる過程の中で、祖師の教義の確立化、他宗の教義との区別化、近代仏教学との区別化の中で、必然的に宗義と宗乗と宗学が形成されていった。その過程の中で、近世までの長い歴史の中で構築してきた自宗の教義体系を、かつ近代仏教学と並存する学問領域を、大学体制の中においてセクト化するために作られた学問領域が「宗義」や「宗乗」や「宗学」であると言える。そしてこのセクト化された領域の中で、各宗派は近代教育の体制に依拠した僧侶養成を、つまり各宗派が自宗の存続のために不可欠かつ不可避な僧侶の養成を実施し、近代的システムの象徴でもある大学内において前近代的システムの象徴でもある僧侶養成を宗学が担うという事態と現状が発生することとなったのである。また同時に国家の認可を前提として成立している学校法人の体系の中において、宗教法人の体系が維持されているという構造が、つまり宗教法人が自宗の出家者的存在の担保を、学校法人を通じて国家の承認によって取っているという事態と現状が発生したのである。

このような宗学の歴史と現状において、なお再考しなければならないことは、「宗学という学問のありかた」であろう。個々の教団でさまざまな事情と歴史的な経緯はあろうが、いわゆる仏教系大学とされる仏教教団が基盤となった大学において、仏教学と宗学が並存し、かつ近代仏教学に対する自己の学問領域を保守するためにセクト化された領域が「宗学」である。これは近世以来の伝統宗学と呼称される独自の権威性のもとで存続してきた領域であり、今日まで積極的にその学問性や方法論が問われることがあまりなく、むしろ近代仏教学の恩恵を受けつつ、ある意味では近代仏教によって形成された学問領域なのかもしれない。この視座から和辻哲郎の「沙門道元」の問題提起を考えると、ここには近代における宗祖観の変遷という課題はもちろんながら、宗学そのもののありかたが問われているのである。

四　宗学の所在

では宗学とはいったい、誰の学問であり、誰のための学問なのか。まず宗派の学問、そして教団の学問ということになる。さらにその教団の後継者養成という宗学の責務を考えると、教団内での出家者の学問であり、教団に関係するあらゆる人々の学問ということにもなる。宗学の所在をここで限定することが、宗学の閉鎖性の一因であり、他宗派や他宗教との対話も成立し難い状況になっている。

次に宗学を専門的に研究する宗学者とはどのような存在なのか。たとえば浄土宗で考えると大正大学と佛教大学で合わせても二十名ほどである。研究者の数が問われることもないであろうが、それにしても全世界で二十名しか専門的な研究者が存在していない状況は、学問領域に対してあまりに規模が小さくはないだろうか。また宗学者の資格もあまり議論されることもなかったが、本来は教団に出家者として属し、教団が信仰対象とする経典や祖師の教義を研究し、かつ後進の育成を行う学者が宗学者であろう。しかし現状では、宗学者の所属も、あるいはその研究業績の帰属もすべて大学であり、宗学者は大学と教団との間に立ち、両者それぞれの立場でそれぞれの業務を行っている。

それならば教団内の出家者しか宗学者になり得ないのか。あるいは信仰を有さない者、口伝や奥義に通達していない者は、宗学者になり得ないのか。あまりにも小規模なこの宗学者という専門的研究者の数と資格の問題を、ひいては宗学そして宗学者という存在を、今一度、日本仏教の各教団が共通のテーマとしてとらえ、いわば「宗学論」というひとつの議論対象のもと、「日本仏教における宗学のありかた」を議論すべき時代がすでに到来している。

五　宗学の二面性と反省

一言で「宗学」と言っても、ここには「宗派を維持し継続させていくための学問」という側面と、「研究対象が存在する学問領域としての学問」という二面性がある。

「宗派を維持し継続させていくための学問」とは、宗派・教団の教義を研究し、その内容を伝達していくことが宗学の一面である。これは①根本聖典や②祖師の著作や③宗派の歴史を研究対象とするものであり、そこには注釈という解釈学の長い歴史が存在している。またこの宗学は次世代への教授と伝達を目的とするものであり、教団の維持と存続と運営を目的とするものである。この場合、宗祖の存在は宗祖個人ではなく、宗派において伝承されてきた祖師像であり、祖師像も教義内容も時代への対応にともなう教義の再解釈と変更が余儀なく求められ、信仰の継承や実践の伝承や儀礼方法の伝承にともなう教義、さらには教団存続の絶対的条件であるところの次世代および後継者の育成が求められる。この場合の宗学は、釈尊そして全仏教の思想史を祖師の視座から見直す場所であり、また宗学者個々の信仰と思索と行を体系化し論理化する場所であるからこそ、つねに「宗学は個人の信仰の告白の場所であっていいのか」という疑問、さらには「宗学は本当に学問であり得るのか」という疑問が潜在的に存在している。

「研究対象が存在する学問領域としての学問」とは、この「宗学は本当に学問であり得るのか」

という疑問を起点とし、釈尊と祖師への論理的追体験をもとに、「人間存在の生の意味と意義」を問い、「釈尊の覚り」を問い、「祈りと救い」を問う学問として、「仏・覚り・自己」への主体的な問いと実践の中から思索と思惟が、実践的（行為的）かつ制作的（生産的）かつ理論的（観照的・研究的）に繰り広げられる宗学の一面でもある。

つまり宗学とは、宗学を実践する者が個々の人生の上において展開する学問的行為であり、つねに宗学を実践する者の時代と環境と人生の制約を受け、その中で展開する学問として規定することができる。しかも宗学を実践する者が、祖師の思想と信仰と実践を完全なる規範とし、これを人生の上で自覚的に、かつ追体験的に展開していく学問であり、同時に自身が生きるその時代において祖師の視座を全仏教思想史上において問い直し、祖師の信仰と実践を自らの人生の上において問い直す学問である。換言すれば祖師の視座における釈尊の覚りの再解釈であり、ここにこそ宗学がなお仏教であり得る理由があるものと考える。

また今後の宗学は、周辺領域、たとえば文献学、歴史学、国文学、美学、哲学、言語学、宗教学、民俗学、心理学などとの折衝と交渉が求められるとともに、実は宗学そのものが浩瀚な範囲を有する学問でもある。さらには宗学からこれら諸分野を逆照射し、ひいては宗学から現代思想を逆照射することが求められているのである。

しかし近代以後の宗学は近代仏教学や歴史学の影響で文献学的傾向が強くなり、また護教的かつ護教団的であるが故に自己完結的な色合いが濃く、他の宗派や他の宗教など外の世界との対話がなかった。「救済の原理」、「先祖の存在」、「儀礼の意義」など、近代仏教学が眼を向けなかった分野に対して、いつしか宗学も積極性を失っていき、近世以来の閉鎖空間であるがゆえに恣意的かつ独善的な傾向ばかりが強くなっている。すでに提唱されている「開かれた宗学」という言葉だけが先行し、これまで何も開かれていない状況であり、また何を開くべきかさえも議論されていない状況にあることも事実であろう。むしろ、これまで宗学自らが「宗学とは何か」と問うこともあまりなく、まして自己変容の可能性や必要性についても、自らの歴史と伝統を理由にして問うことさえも避けてきたのではなかろうか。

六　宗学の未来と可能性

今後、宗学は諸宗教および諸宗学との対話にもとづく自己の教義の自覚と認識が必要であり、これまで消極的であった「仏の存在」や「生者に対し圧倒的な存在感を有する死者の存在」や「来世の存在」を説き示すことが求められており、またこれらについて語ることができる学問領域は宗学でしかあり得ないことを、宗学そのものが自覚的に知るべきである。

また今後ますますデジタル化が進む世界情勢にあって、宗学のデジタル化も不可避な事態である。すでにSAT大蔵経テキストデータベースにより『大正新脩大蔵経』のデータベースが公開され、浄土宗が『浄土宗全書』(正・続)データベースをSAT大蔵経テキストデータベースと連携している。この宗学のデジタル化はこれからも加速度的に進むであろうし、また進むべきであり、連携を諸宗へ拡大して日本仏教を世界に発信していくことで、日本仏教の歴史と伝統のデジタル化が進み、そうすることで日本仏教がはじめて世界に開かれた存在となり、世界規模における学問対象となっていくのである。

そのためにも、これまで仏教思想史を自己完結させていたがゆえに閉鎖空間であった宗学が、まず自己が閉鎖空間であったことを認め、文字通りに「開かれた宗学」としての第一歩を歩みはじめなければならない。その意味でも自宗の諸文献のデータベース化と、自らが構築したデータベースを、SAT大蔵経テキストデータベースを中心として広く諸宗派と連携を結ぶことが必要であり、たんなる理念としての「開かれた宗学」ではなく、文献的にも資料的にも本当に全世界に対して開かれた宗学となる必要がある。

そして日本仏教の諸宗派の学問である宗学それぞれが「開かれた宗学」になっていくためにも、それぞれの宗学がともに議論する場所が必要であり、宗学自らの自己の再認識と自己変容を促していくためにも、「宗学論」という「宗学のありかた」や「宗学の未来」を、諸宗の宗学がともに考え、また話し合う、宗学にとっての新たなる学問領域を構築する必要がある。

この宗学論という視座から、諸宗の宗学がたとえば仏身論や実践論をともに再考し、そこから日本の仏教を捉えなおしていかなければならない。日本の仏教は、宗派性という個々の自己完結形態の集合体という独自性とともに、「実践行の単一化」と「実践時間の短縮化」と「実践功徳の凝縮化」という特徴があり、また戒律実践の理念化と軽視化という特徴も有している。これは本覚思想などにもこの特徴を垣間見ることができるし、只管打坐説などもその典型である。また日本浄土教で言えば、称名念仏の一行化・一念による業事成弁説・一念往生の諸説、そして浄土布薩戒という念仏実践がそのまま戒律実践とする理解にも、この特徴をよく見出すことができる。この「実践行の単一化、実践時間の短縮化、実践功徳の凝縮化」という独自性を有する日本仏教を捉えなおし、この再構築された日本仏教から、全仏教思想史を再考察し、厳然と現前に存在する仏の存在を如実に感じ取った上で、現代における仏教および仏教思想の存在意義を、さらには現代的課題をも考えることが、今ここに求められている宗学の未来像のひとつであろう。

そのためにも宗学を志す研究者は自らの学問領域と関心を広く有する必要がり、また実践論的にも個々の宗派の教義と信仰に関与していかなければならない。その意味でも宗学とは、「仏の世界というア・プリオリ的世界を経験論的かつ学術的に解明する領域」とも言い得る。

七　浄土宗学の場合

では、このような未来像を描くことを宗学の未来像として措定した場合、現在の浄土宗学は何を考えるべきなのであろうか。現在、浄土宗では附置研究所である浄土宗総合研究所において『浄土宗全書』（正・続）をデータベース化し、さらにSAT大蔵経テキストデータベースとの連携を行い、浄土宗の基本典籍である『浄土宗全書』（正・続）を全世界に向け発信している。また刊行したばかりの『新纂浄土宗大辞典』のＷＥＢ公開をすでに実施しており、世界に対して開かれた浄土宗学を目指している。

しかし他宗との対話や、宗教体験の言語化、あるいは阿弥陀仏を何故に報身として規定しなければならないのかという課題、さらには現代において極楽世界の存在をいかに説き、また往生をどのように理解するべきかといった課題は、個々の宗学に携わる者の努力はあろうが、やはりいまだ山積している状況である。

宗学を「仏の世界というア・プリオリ的世界を、経験論的かつ学術的に解明する領域」と規定する際に、たとえば「阿弥陀仏の存在をどのように捉えるべきか」という問いは、まさに宗学的課題であり、浄土宗学において答えるべき問いでもある。浄土宗学ではいわゆる浄土三部経を根拠として、阿弥陀仏を「すでに十劫以前に自らの四十八願を成就して正覚を得て仏となった存在」として受け止め、本願を成就したという一点において報身と規定している。

では、この阿弥陀仏の存在から仏教思想を逆照射するとは、どういうことであろうか。善導や法然が捉えていた阿弥陀仏とは、全衆生に対して先験的かつ超越論的に、この世界と時間と空間、ひいては輪廻という根源的時間を超越して存在しており、この阿弥陀仏が自らの意志において、全衆生の行為と生命と歴史の根拠であり総体である輪廻を超克し、かつふたたび全衆生にとって根源的時間であるところの輪廻から全衆生個々を救済するために、自らの意志においてこの輪廻の世界内に到来する仏身である。この世界では成仏の可能性が皆無な凡夫である全衆生個々は、この阿弥陀仏の到来、つまり本願力を根拠とした来迎を受け極楽世界に往生する以外に、自身の存在の根源的時間である輪廻から脱却する方法は存在し得ない。このことを阿弥陀仏はあらかじめ知っているからこそ、全衆生の存在に先立って正覚を得て阿弥陀仏となり、釈尊に対して自己の存在と意志を開示し、釈尊を通じてこの世界に阿弥陀仏とその名号が開示されたのである。釈尊にとっても、また一切諸仏にとっても、自らの誓願において阿弥陀仏とその名号をこの世界に開示することこそが自らの仏としての誓願であり、かつ阿弥陀仏を称讃し称揚することが仏としての自己の存在意義であり、また他者への慈悲でもある。このように考えると一切善悪凡夫つまり全衆生は、自己がこの世界に存在する以前から阿弥陀仏によって自己の存在をあらかじめ知られており、この世界に生を享けたことそのことが、阿弥陀仏の救済を受け、この世界で最後身となり、自らの輪廻をこの世界で終焉させ、極楽世界へと往生するためであり、だからこそ浄土門が唯一の随縁たる法門となり、本願念仏一行という実践が自らにとって唯一の輪廻から脱却するための宗教的当為となるのである。そしてこのことを明示することが仏教思想史内において浄土宗学が宗学として存在する意義に他ならない。

また阿弥陀仏の来迎は命終時に成立する事態であり、そのまま念仏実践者にとっては自らの死を意味する。念仏実践者は自らの死をただ現在の生の終焉として捉えるのではなく、その死を往生として受け止め、往生に向かって、往生のためにこの生を生きていくという意志が必要であり、この意志こそが願往生心となってくるのである。念仏実践者は自らの往生を疑うことなく、自らの往生を信じ、かつ信じるがゆえに本願称名念仏を実践するのであるが、この往生こそが阿弥陀仏の来迎によって成立する事態である。つまり念仏実践者が願往生心のもと、自らの往生を、そして一切衆生の往生を願い求めるということは、そのこと自体が阿弥陀仏の来迎を祈り、そして求めるということでもある。阿弥陀仏の救済のすべてが、阿弥陀仏の本願によるものであり、阿弥陀仏自らの意志と大慈悲であり、阿弥陀仏の存在意義でもある。だからこそ念仏実践者にとって来迎の直接的要因であるところの現生の一念は、その一念の中においてつねに自身の過去と未来と現在が現成化して阿弥陀仏との三縁（親縁・近縁・増上縁）が成立することとなり、その一念によって輪廻内の存在であった自己が、この輪廻を超出して極楽世界へと往生することとなるのである。それゆえに念仏実践者が阿弥陀仏の来迎を祈り求め、そして信じるということこそ、念仏実践者にとっての願往生心であり、阿弥陀仏の来迎を祈り求めるからこそ現生における一念を実践し続け、かつその一念を一生涯にわたって実践し続けなければならないのである。

この宗教的当為としての本願念仏一行を現実かつ実際に自らの人生の上において実践すること、自らの人生の意義を往生において見出すことが、浄土宗学の存在意義である。そして諸宗および諸宗教に対して自らの信仰と実践を語り、諸宗および諸宗教が語る信仰と実践に耳を傾け、神仏への信仰と実践の中にこそ人生の意味と意義があることを、全世界に対して発信することが未来の浄土宗学の方向性であると考える。

八　小結

日本仏教がもっとも先鋭化した存在が宗学ならば、①宗学から全仏教の思想史を問い直し、②宗学から人間存在の意味と意義を問い直し、③宗学から釈尊の覚りの内実を問い直すことが必要である。この宗学的思索を全世界に向け発信し、かつ共有し、そして全世界の中で議論していくことこそが、開かれた宗学の第一歩である。人文学の存在そのものが危機的状況にある中で、まして多分野と比較すると仏教学も宗学も研究者の数がじつに少なく、また今なお国際性も欠如していることを考えると、やはり宗学の存在も危機的状況である。だからこそ宗学に携わる研究者が共通の危機意識と問題意識のもと、宗学そのものの学問性と存在意義を問い直し、この現実世界に到来する仏の存在、自己と仏との呼応、死の向こう側の世界、これら諸問題について積極的に対話と議論を進め、現代そして未来における仏教の存在意義を発信し続けなければならない。そしてこのことはあくまでも宗学が行うべきことなのである。

たとえば西田幾多郎の「私と汝」に次のような一節がある。

由来、弁証法といふも、単に過程的に考へられその根柢に場所的限定のあることが注目せられないのであるが、絶対の死即生である絶対否定の弁証法に於ては、一と他との間に何等の媒介するものがあつてはならない、自己が自己の中に絶対の他を含んでゐなければならぬ、自己が自己の中に絶対の否定を含んでゐなければならぬ、何等か他に媒介するものがあつて、自己が他となり、他が自己となるのでなく、自己は自己自身の底を通して他となるのである。何となれば自己自身の存在の底に他があり、他の存在の底に自己があるからである。私と汝とは絶対に他なるものである。私と汝とを包摂する何等の一般者もない。併し私は汝を認めることによつて私であり、汝は私を認めることによつて汝である、私の底に汝があり、汝の底に私がある、私は私の底を通じて汝へ、汝は汝の底を通じて私へ結合するのである、絶対に他なるが故に内的に結合するのである。（岩波文庫本『西田幾多郎哲学論集』Ⅰ、一九八七年、三〇七頁）

この西田が言う「私と汝」のありようを、仏そして死者との関わりとして、自身の信仰世界において学問的に説示することが今後の宗学の責務であり、また未来の宗学が避けることができない課題でもある。

今や現代人はあまりにも知恵と理性と情報に加担し過ぎたために、自身が忘れていた自らの生々しき血や体温、言葉にでき得ない情念、そして全身体性を通じた生き生きとした「生の実感」をリアルに思い出し、この熱き感覚のもと、もう一度、「こうして今を生きている人間」を見直すべき時代の中を生きているのかもしれない。また、だからこそ宗学が宗学自らを問い直し、宗学を通じて人間存在の生の意味と意義を規定する局面に直面しているのだ。

宗学とは自らの思想と信仰と実践が根拠となって展開していく学問であり、宗学こそが仏と向き合い、そして仏の視座から人間の存在と当為を説明できる唯一の学問領域である。いうなれば宗学があらゆる人文学の中において「最後の人文学」であり、宗学からあらゆる人文学を、さらには混迷を極める時代を逆照射することが未来の宗学に求められることであり、未来の宗学が学問として存在していくための根拠であろう。その意味においても「宗学論」を実際の議論の場所として、諸宗の宗学が同じテーブルにつき、宗学間対話から展開した宗学論を構築する必要があり、この宗学論を基盤として新たな日本仏教の思想のあり方を問い直していかなければならない。宗学の未来像がそのまま日本仏教の未来であり、日本仏教の未来の中にこそ仏教思想のひとつの未来が存在している。各宗の宗学はこのことを自覚し、宗学論において自らの未来像を論じていかなければならない。最後の人文学としての宗学の未来はここから開かれていくこととなる。

第二部

変貌する学問の地平と宗学の可能性

下田正弘

一　仏教学と宗学

筆者はこれまで、仏教批判と仏教学批判とは区別すべきであり、仏教学に携わるものが第一になすべきは仏教学批判であって仏教批判ではないと考えてきた（下田正弘「仏教学批判の意義――「行為者志向」批判から「行為志向」の解釈学へ」『近代仏教』二一号、二〇一四年、七三―九二頁）。その理由は、現在の仏教学は、仮説的に設定された仏教の「起源」である古代インドの「原始仏教」にアプリオリに価値を置いたうえで、対象とする資料の性質に対する批判的考察を経ないまま、「歴史学的」方法を標榜する傾向が強い。そのため、得られた成果の学問的位置づけがときに信頼性に欠け、全体的に方法論的な反省に乏しい研究領域になっているからである（下田正弘「仏教学の方法と未来」『印度学仏教学研究』六六―一号、二〇一六年、一―一一頁）。こうした状況のもと、研究対象である「仏教」そのものを個々の研究者の判断で切り分けて取捨することを許すなら、仏教の限られた特性を偏重する傾向にいっそうの拍車がかかるとともに、仏教学の研究方法はさらにやせ細ってゆくだろう。仏教学という学問の枠組を精査しつつ仏教を考察しようとするかぎり、これは重要な論点である。

他方で、仏教の言説のみを考察の対象とする場合、仏教学という制度的枠組にかならずしもこだわる必要はない。仏教の言説の研究は、思想研究一般の問題としてあつかうこともできれば、広く文藝批評として論ずることもできる。この立場に立てば、仏教学批判を経ることなく、仏教とはなにかを直接の主題として論ずる仏教批判も意味をもつ。近年、文藝批評家の三浦雅士は、袴谷憲昭と松本史朗の「批判仏教」をとりあげ、宗教的感情につながる藝術的情感を基礎としてきた自身のこれまでの言説理解を反省し、どこか改宗宣言をするようなトーンを帯びて、批判仏教の価値を高く評価している（『群像』二〇一六年七月号―二〇一八年八月号）。仏教の言説としての意義を社会一般に開き出してゆくためには、こうしたこころみも視野に入れる必要がある。

仏教学という学問的枠組を離れて仏教の研究を問うこころみは、本書の主題である宗学を論じようとするとき、いっそう重要な意味をもつ。というのも、宗学はその学問的起源と歴史的展開の双方からして、仏教学の特殊な一形態として位置づけられて終わる知のいとなみではないからである。むしろ仏教学に問いかけ、仏教学の再考をうながす可能性をもっている。

現在の仏教学は、なかば以上西洋起源のインド学に由来する外来の学問である。サンスクリット語の解明を契機として成立した印欧語比較言語学に促されながら、アジアの多言語にわたる知識の伝承を総合的に考究する知的営為として十九世紀前半に成立した。ここでは議論の詳細は割愛するが、西洋近代人文学を代表するこの学問は、それまでの日本のながい仏教研究の方法的伝統をいったん解体し、「起源」のインドを中心に「歴史学的」方法をもって自身を再構成してきた。

一方の宗学は、厳密な定義づけやその定義にもとづく成立過程の議論を措けば、みじかくとも数百年、ながければ一千年を超える伝統につながることが求められる学問である。それは各宗派や寺院に伝承された知識の体系化を図りつつ、仏教全体が有する意義の理解をめざしてきた。最澄、空海は言うにおよばず、鎌倉仏教の開祖とされる法然や親鸞、道元や日蓮をはじめ、はるかに時代を下った江戸時代の講師、勧学、能化たちも、自派の教義を体系化しつつ、仏教全体の趣意をそこに包摂しようとしてきた。

つまり宗学は、ほんらいそのなかに仏教学をふくんでいたのであって、宗学が仏教学にふくまれていたのではない。というよりも、そもそも宗学を措いて仏教学は存在しなかった。柴田泰山が本書において指摘するように、そこには、日本の仏教内部における宗派について「一宗派の存在そのものが全仏教思想史の結実的存在となっていった」（柴田、本書一八七頁）という事態が、あるいは少なくともそれをめざしてきた理念がある。歴史をふりかえると、宗学は原初に存在した統一的思想の全体から、それぞれの宗派に特有の思想を部分として分岐させながら、分岐した各部分が、原初の全体が有していた思想的可能性をそっくり分有するような知識の体系化をこころみている。

現代的事例に寄せてやや突飛な譬喩を許してもらうなら、かりに思想を幹細胞が有する分化万能性に匹敵する性質をもつ存在であるとみるなら、宗学における仏教思想の体系化は、分化した細胞のなかに分化万能性を実現する人工多能性幹(iPS)細胞をつくりだすような企図である。あるいは世界についての存在論的なたとえをもちいるなら、フラクタル存在論的様相としてとらえることができる。マルクス・ガブリエルの指摘によれば、世界は「当の世界自身のなかへと無限回コピーされ、まったく同じ形をした無数の小世界からなっている」(マルクス・ガブリエル、清水一浩訳『なぜ世界は存在しないか』講談社、二〇一八年、一二一頁)。宗学のこころみは、生命世界の原理にも哲学的存在論の構造にも適うものである。問題はそのこころみがどの程度成功しているかを個々において丹念に確かめる点にある。

しかるに、現在の仏教学界において、宗学は、たんに仏教学より狭く特化された知をあつかう学として理解されるにとどまっていて、議論は深まっていない。ながい伝統的研究と連続する宗学の性質にかんする原理的考察も、かぎられた研究者をのぞけば、ほとんどなされていないようにみえない。ここにあらためて本書が企画されなければならなかった理由があるだろう。

明治期以降の宗学は——すくなくとも門外漢の筆者の眼からみれば——近代仏教学の立てた歴史主義的傾向に沿って「起源」にある釈迦の思想に、あるいはその直系としてのインド仏教につながりを確保することに専心し、以前の宗学の歴史を再編しようとしてきた。本書で三浦周が丹念に論じているように（三浦、本書二四―二七頁）、たしかにそこには、伝統的な学問を成立させていた制度が、近代における大学制度出現の大きな影響をこうむって、仏教学のもとに宗学が制度化されなければならなかったという事情が関係している。制度改編はそこにかかわる活動をするものたちに大きな、ときに決定的な影響を与える。だが、たとえそうであっても、制度的再編と学問内実の再編とは性質の異なった問題として対応しなければならない。さもなければ、学問の本質を決定するのは学問ではなく制度であることになってしまう。

明治以降の日本の仏教界一般におけるこうした状況に比し、清沢満之（一八六三～一九〇三）の思想にもとづいて、西洋哲学の枠組みをもって真宗教学の改革をこころみた大谷派の例は、例外として注目されるだろう。真宗の教義の中心である「他力」を理解するにあたって、清沢はそれまで常態化していた、伝承された言説を祖述するというアプローチを取らず、西洋哲学との対峙を通して意義を開顕する独自の方法を実現した。その思想的意義は、一宗派の宗学という範囲を超え、たとえば現代の哲学者である今村仁司にみられるように、日本の思想界に影響を与えた。たしかに国柱会を創設した田中智学（一八六一～一九三九）のように、思想界に大きな影響を与えた仏教者の例はほかにもある。けれどもこうした例にみられる活動は、宗学の構成や変革には直接かかわらないものであった点で、清沢満之の例と同一視できない。

清沢満之の影響において留意すべきは、そのアプローチがきわめて斬新で徹底したものであったため、結果として「近代人として生きるわれわれが親鸞の仏道に直参しようとするならば、清沢満之以前に帰ってはなりません」（名和達宣「山辺習学・赤沼智善『教行信証講義』再考――『教行信証』の近代」発掘を目指して」『近現代『教行信証』研究検証プロジェクト 研究紀要』創刊号、二〇一八年、五六頁）と教えるにいたったその継承者たちによって、過去の宗学伝統との乖離、ときに断絶が生み出されてしまったことである。「往生」の問題をめぐって詳細に検討をくわえた小谷信千代の近年の問題提起（『真宗の往生論』二〇一五年、『親鸞の還相回向論』二〇一七年、いずれも法藏館）は、この点をあらためて課題化したものでもある。

宗学の課題は、近代的変革によってのみ完成するわけではない。変革のうえに、いかにながい伝統を切り離さず、その意義を批判的に復活させ、乗り越えてゆくかにある。伝統を否定し去ればこの動きを止めることになる。本書において、山本匠一郎が素読の意義を通して論ずるとおり、伝統的な読み継承の努力が途絶えてしまえば、そこに込められた知は消失してしまう運命にある（本書一〇一―一〇二頁）。

二　インド学の進展と宗学の困難化

宗学に課された長大な歴史との連続という課題、および清沢満之によって問われた近代における哲学や思想としての宗学の意義の刷新、これら二点を押さえただけでも、現在の仏教学界における理解とは異なって、宗学は現在の仏教学内部に包摂されえないことがわかる。宗学と仏教学とはそれぞれがかかえている独自の意義に目覚め、そのうえであらためて連携をはからねばならない。この点をすこし立ち入って確認したい。

宗学と仏教学とのもっとも大きな違いは、宗学は仏教の伝統を担う責任を課せられたものたちによって、言説と実践とが分断しないよう構築されなければならないのに対し、仏教学はほとんどの場合、言説のみを相手とし、伝統にも現実にも直接のかかわりをもたずともよい点にある。西洋起源の現在の仏教学は僧侶がなくとも成立する。一方、日本の伝統仏教に連続する宗学は僧侶がなければ成りたたない。古代の資料を研究素材とする仏教学には現実の問題に対処する義務はない。たとえ過去の資料を研究していても、いま現実の困難に直面する檀信徒をかかえる宗学者には、その責務がある。宗学では僧侶という研究者の立場と研究の対象とは密接に関係する。仏教学では両者のあいだにそうした関係はなくともよい。

宗学と仏教学とのあいだのこうした相違を確認すれば、現在の日本の仏教学は日本の仏教の現実に足場をもっていないことが分かる。じっさい、仏教学の主流をなす研究の対象が、サンスクリット語、パーリ語、チベット語等の外国の言語によって記されたテクストであることは、すくなくとも日本の仏教学にとっての仏教は、仏教学界のなかに「言説として存在する仏教」であることをしめしている。

学問が現実に足場をもつか否かという課題は、かつて中村元によって、東京大学における最終講義において「インド学はエジプト学か」という衝撃的なかたちで提起されたことがある。インド学や仏教学が盤石な足場を固めていた二十世紀後半、こうした問題提起をした研究者はほかにない。「インド思想文化への視角」と題する講義（『春秋』一四三号、一九七三年、二二―三七頁）は一度目を通しておく価値がある。

中村はいったいなにを伝えようとしたのか。「現代のエジプトの文明は、相つづいた異民族の侵入と戦乱と他の文化の移入とのために、古代エジプト文明から断絶」しており、「エジプト学者は死滅した文明としての古代エジプト文明を、まったく過去の遺物として研究」している。それと同様に、ヨーロッパのインド学者にとっても、古代インド文明の伝統は「過去の文明の「残滓」に過ぎないのであり、やがて西洋文明の浸透とともに捨て去られるべきものである」。この前提のもと、「ヨーロッパにおけるインド学や仏教学は、エジプト学やアッシリア学、シナ学などと同一部類に属するものとして出発し」「同一の学会を形成し、同一の学術雑誌をともに刊行し」「インド学者や仏教学者がエジプト学者と一緒になって「国際東洋学会」などを順次に開いている」。

中村は、学問が過去と断絶し、さらに現実から遊離したうえで学界を形成して成りたっている事態を強く憂慮している。たとえ古代を対象とする研究であっても過去とつながり、現実に足場をもっていなければならない。現役教官時代を締めくくる学問集大成の結論として提示したこの講演が、エドワード・サイードが『オリエンタリズム』を公刊する五年まえであったことを知れば、その達見に驚くとともに、学問を進める姿勢の真摯さに頭が下がる。

ただ、この最終講義は仏教学に対しても宗学に対しても未来を開いてくれたわけではなかった。そのおもな理由は三つある。第一の問題は、中村の関心がインド学の自立に置かれている点にある。仏教学も宗学もその意義をインドにのみ帰せしめられるものではない。インドよりもむしろ中国の伝統のほうが重要な意味をもち、なにより日本の伝統がはるかに重要な場合が出てくる。

第二に、中村のいう伝統とのつながりは現代インドのなかに無媒介に発見されるものとみられていた。したがって、過去から現在にいたる言説の歴史や伝統は「後代の付加または潤色」として排斥されるべきものになる。「『マハーパリニッバーナ・スッタンタ』の中から、明らかに後代の付加あるいは潤色と思われるものを除去すると（中略）この経典の中核となった部分は、現代インドの農村に見られる生活、風習、慣習とそっくりである。後代の付加物を取り去ってゆくと、実はそこに〈現代インド〉だけが残る」と中村が述べるとき、現在のインドの風景の印象が直接に素朴に過去のテクストに重ね合わされている。だが過去と現在のあいだにある言説が消えてしまっては、インドは歴史のない国になる。これにくわえ、中村が意味する「伝統」とは、「生活、風習、慣習」という習俗であって、抽象度の高い言説の次元にある思想や形而上学はそこにふくまれていない。

第三に、中村には「系譜」として存在する知識の意義に対する否定的意識がある。中村は講義のなかで、大学制度における印度哲学、中国哲学、西洋哲学という「日本独特の現象」について、この「区分を支配しているものは、系譜偏重主義であり、外からのものに対する権威至上主義である。それはまた研究に関する尚古主義ともなる」と厳しく批判する。この批判自体は傾聴にあたいするものの、同時に伝統的系譜の意義を否定し去れば、過去から連綿とつづく日本の思想の意義の正当な評価はできないだろう。思想は、残された結果のみならず、継承過程の努力に意味をもつからである。

「最終講義」がもつこうした特色を踏まえるなら、日本のインド学に、さらにそれをとおして仏教学に大きな衝撃を与えた中村の問題提起は、宗学がかかえる課題に回答を与えてくれるものではない。宗学は日本独自の仏教の知識を課題とする学問であり、そこでは現代インドの習俗も知識も直接の関わりがない。宗学は仏教思想の高度な言説の伝統的継承の問題をあつかうものであり、伝統と現代日本の「生活、風習、慣習」の直接的な関係を解明するものでもない。宗学にとって「系譜」は、自身の本体を構成してきた歴史であり、否定し去られるなら宗学の存続は不可能になる。

中村の壮大な規模の知識が世に現れて以降、インド学は一般社会においても市民権を獲得した。社会への浸透は、反転して、仏教学界においても「原始仏教」のブランド的価値を高めることに寄与した。ただ、今後もこの傾向に沿って研究が進むなら、今度は仏教学が「エジプト学」になってしまいはしないかという危惧がある。なぜなら、日本における仏教の言説と現実とが、ともに置き去りにされてしまいかねないからである。近年、島薗進は『日本仏教の社会倫理――「正法」理念から考える』（岩波現代全書、二〇一三年）を出版し、現代の仏教と仏教学を現代社会の立場から批判をした。その内容の当否はまったくべつとして（下田正弘「同書評」『宗教研究』九〇―三、二〇一六年、一〇六―一一三頁）、基本的趣意には汲みとるべきものがある。

こうした現在の仏教学の傾向に対して適切な方向の転換をうながす可能性と使命を与えられたもの、それが宗学ではなかろうか。日本の仏教はインドに起源を有しながらも日本の言説として展開されてきたのであり、それを遂行したものが宗学だった。宗学はながい歴史をかかえた日本独自の学問としてとらえなおされ、仏教の言説に加えて広く日本の言説を視野に入れる必要がある。

これにくわえもうひとつ留意すべき課題がある。それは、宗学は、日本の言説のみならず、日本の現実に足場をもっていなければならないことである。そこで出現する問いは、歴史的言説に閉ざされず、現在の臨床的問いとして処遇されなければならない。過去の言説の内部に閉じられてしまうわけにはいかないのである。

三　日本文藝史という参照軸

宗学は、言説の歴史を日本の内部に求め、同時に現在の事実を相手とするという、仏教学とは異なった二つの課題に同時に向きあわなければならない。しかもこれらの課題が僧侶によって担われるという特殊性も考慮しなければならない。それぞれ慎重な考察が要求される課題である。この節では第一の問題、日本における言説の歴史をみる。

この課題に応えた研究として、小西甚一『日本文藝史』全五巻（講談社、一九八五―一九九二年）がある。空海に帰される『文鏡秘府論』を解明した『文鏡秘府論考』によって世に出た小西には、文藝全般における宗教の、ことに仏教の意義を評価する姿勢がある。そのうえにものされたこの浩瀚な全書は、記紀、物語、和歌、歌謡、能、連歌、俳諧、詩歌、小説と、日本のほとんどあらゆる時代と分野の作品を「シナ」および「コリア」の厖大な作品の歴史的推移と照合させつつ分析し、古代から現代にいたるまで壮大な規模で解明した偉業である。

小西は、日本の文藝に内在し、言説の展開を秩序づける表現理念として「雅」と「俗」という二つの極を立て、両者の交錯によって世代が形成されてきたとみる。ひとは永遠ではありえないゆえにこそ永遠なるものに憧れる。日常心の底には日常的でないなにかが深淵のようにあり、日常心がそれに行きあたるとき、日常性は綻びて永遠の光がさす。この憧れは、「完成」「雅」と「無限」「俗」という二つの極を有する。藝術において、完成の極に向かうものは、それ以上ないところまで磨きあげられた高みをめざすのに対し、無限の極に赴くものは、どうなるか分からない不安定な動きをふくむ。

雅なる表現は、完成された姿にむかって形成され、どこまでもその姿において存在してゆこうとする。それは、すでに存在する表現へと随順し調和するところに美しさを認める意識によって支えられている。先例のある姿で表現されるのが美しいとされる作品は、享受する側にも先例の存在に対する高度な予備知識を要求する。こうして、雅なる表現においては、制作者と享受者とが共同の層を形成し、みずから制作に携わるものだけが享受しうるような種類の作品を集積してゆく。

これに対して俗なる表現は、いまだ拓かれていない地平であり、なにも完成していない世界である。「異様な荒々しさ、素朴なしたしみ深さ、暗澹たる不気味さ、軽薄きわまる新奇さ、血のにじむなまなましさ、溌溂たる健康さ、みずみずしい純粋さ、ひろびろした自由さ」など、それはさまざまな現れかたをする。そこには「美しい珠玉があると同時にくだらない安っぽさ」もすくなくない。

この二極を時代に当てはめれば、古代（五―八世紀）は俗、中世（九―十九世紀中）は雅、近代（十九世紀中以降）は別種の俗に、およそ分類される（以上、小西『日本文学史』講談社学術文庫、一九九三年、一三―一八頁）。雅の時代は、シナやコリアからの漢語の言説とそこに内包された理念の導入によって出現し、やがて日本内部での醸成と変易によってそのありようを微妙に推移させていった。この分類に従うなら日本の仏教が形成されたのは「雅」の時期であり、近代仏教学が形成されたのは「別種の俗」の時期に該当する。

以上の基本類型にくわえ、小西は世界のなかで日本の文藝のもつ三つの特質をあげる。第一に、外形面において短章的であること、第二に、言説において対立が鋭く現れないこと――構成における対立者の欠如、自然と人間の隔てなさ、ジャンルに対する階級の関わりの不在、個人と集団の協調傾向、制作者と享受者の相依関係——、第三に、作調における主情性および内向性である（以下、小西『日本文藝史』I、三三—六一頁）。

第一の特質について、十七音節の俳句に極まる日本の文藝の外形面の特色が、このうえなく短章的であることは明白である。ここには日本の文藝が個人ではなく集団によって進められ、グループに共通なコードを利用してきた経緯が反映している。その場合、表現が簡潔であることに価値が見出され、制作者の側ですべてを言い尽くす表出的態度よりも、享受者の理解に依存する感受‐表出的態度の表現が、より洗練されたものとして志向されるからである。

第二の特質について、外形的にみれば、たとえば能においてワキがシテの対立者ではなく、シテ一人を中心とすべく舞台が構成されている事実は早くから知られている。これは浄瑠璃や歌舞伎においても同様であり、脇役は主役を引き立てる補助者に過ぎない。シナの演劇においてもこの傾向は確認される。能に対比される元代の雑劇において主役の男女（正生《ジョンション》と正旦《ジョンダン》）のみが歌を歌う資格を賦与されているように、そこではシテ一人主義の構成が明らかである。これは protagonist と antagonist が共同で主題を構成する西洋の劇とは大きく異なっている。

内質的にみれば、日本文藝で描かれる自然は、人間と深く関りあっていて、西洋のように明確な輪郭をもつ自然描写は発達していない。自然はしたしみ深さと畏怖すべき厳しさの二面をもちながらも、人間と連続する存在とみられていた。この点、シナにおいては自然と人間のあいだには明確な対立性が存在した。日本においてもシナ的な合理精神が浸透した雅の文藝が現れる時代になって、自然は人間とようやく距離をもちはじめた。時代をはるかに下り、西洋の徹底した合理精神が日本人の生活意識まで変革する近代にいたれば、その連続性はほとんど姿を消してしまう。

階級的対立は、たとえば防人が方言によってたどたどしくも短歌をものしたように、文藝のジャンルの相違に反映されることはなかった。むしろ注目されるのは、もともと低俗な言語遊戯に属した連歌が、やがて貴族的な雅の世界の文藝に昇格すると、以前連歌の置かれていた位置を俳諧連歌が占め、その俳諧連歌を武士階級がたしなむようになると、そのあとを川柳などの雑俳が継承するという、ジャンルの上行現象である。地方の俗謡が遊女や傀儡子を通して貴族に受容され今様となり、後白河天皇の『梁塵秘抄』の編纂にいたる例をはじめ、言説において階級的対立はみえない。これはシナにおいての文藝が漢代以降辛亥革命まで、士流によって支えられた事態に比して顕著な相違である。

個人と集団の言説のあいだにも対立がない。というより、個人はつねになんらかの集団に帰属しようとする傾向が強く、対立の起こる余地がきわめてすくなかった。作者たちは自分と同様な考えかた、感じかたをする人びとだけで構成されるグループを制作と享受の場であるととらえ、そのなかで通用する表現こそ美しいと意識する精神構造を育てた。制作と享受とが同一の集団内において自給自足的に文藝の制作がおこなわれるなかで対立や衝突が起こるとすれば、それは集団と集団のあいだであって、個人と集団とのあいだではない。結社に属する歌人や俳人は、みずからの結社だけで通用する考えかたや感じかたに浸るのを常とし、指導者たる「先生」には忠誠をもって接した。

同一集団の内部で作品の制作と享受が自足的になされるとき、制作者と享受者のあいだにも対立は生じにくい。さらにグループに共通なコードを利用して表現を簡略化することができる。考えや感覚の異質なグループ間であれば表現は説明的であるほうが好ましいが、共通コードが広く共有されているとき、表現は短章性に高い価値が見出される。制作者の側ですべてを言い尽くす表出的な態度よりも、享受者の理解に依存する感受‐表出的態度の表現が志向されるのである。

第三の特質、すなわち作調における主情性および内向性については、『古今集』から顕在化したシナの影響による主知性を取り去れば、日本の文藝全般は、「理」の介在しない直接的主情性に傾き、そのうえに内向的、陰性的、女性的性向を帯びている。日本には諸外国にみられる英雄詩が存在しないとともに、西洋にいう tragedy がない。tragedy は「悲劇」ではない。それは「人間の善意を動かす主役」が過酷きわまりない運命に直面し、必然不可避な精神的肉体的苦難を受けながら敢然と戦うことによって、「その勝敗にかかわりなく〔鑑賞者の――引用者挿入〕心を浄化する高貴さを有する」文藝作品である。歌舞伎や浄瑠璃において、不如意な運命に翻弄される主役が、自己の破滅をかけて現実に挑もうとする決然たる意志に欠け、来世へと逃避するのが常態であるのと比すると、さらに能において、その表現の極みが、優美さが表面から消えた「姨捨」「檜垣」などの老女物であり、いずれも作調が内向的で陰性的であることに比すると、その外向性や陽性的傾向は歴然としている。tragedy を「悲しみの劇」としか訳せなかったところにこそ、哀憐の情に傾く日本の文藝の特性が現れている。

四　日本文藝史と宗学の類似点と相違点

以上の小西の指摘は、仏教からみれば世俗世界の日本文藝の分析にほかならないが、宗学の特徴を考察するさいの参照軸として多くの示唆を与えてくれる。まず、「雅」の極のもつ完成された姿の基礎には「理」が存在することを踏まえ、それがシナからもたらされた文藝によってはじめて日本に出現したとすれば、日本語が高度な言説となるためには、漢語という外来の言説の存在は決定的であったことを押さえておかねばならない。そもそも日本語という言語を「俗」に留めおかず洗練してゆくために、外来言語の採用は不可避の道だった。ここで重要なことは、日本が漢語を受容するさい、当初のかたちのままに保っていたのではなく、仮名まじり文を創出し、あらたな日本語として受け入れたことである。それは自国語による言説を打ち立てようとする努力の結果であり、中村が批判をする「外からのものに対する権威至上主義」は、こうした努力に淵源を有するだろう。

つぎに、日本の文藝の言説における「雅」の完成が、個人によって果たされるのではなく、共同体における言説活動によって実現していたとするなら、現実社会を超出しているはずの「理」

は、現実社会の力の圏内にある言説に引かれる極性をつねに帯びている。制作者と享受者とが共同で作品を受容する言語環境の創成がなければ実現しえない「理」は現実を超出するものではない。さらに「雅」がすでに過去において実現されたものとすれば、創作は未知の未来にむかうのではなく過去の再現というかたちを取る。であるとするなら、文藝という言説の存続は、伝統を共有する共同体の形成を予想しなければならないことになる。

こうした特徴は宗学の特性にかなり重なっている。それぞれの宗学を形成する中心核となる理は、シナ、コリアを経由した個々のテクストの言説としてもたらされ、いわば雅の極に相当する完成された教義を形成した。思想の継承は、その完成された姿にむかってなされ、どこまでもその姿において存在してゆこうとする。さらに宗学の継承活動は、ちょうど雅なる表現が制作者と享受者とが共同の層を形成し、制作に携わるものだけが享受しうるような種類の作品を集積していったように、能化と所化とが共同体を構成し、術語と意味を共有するなかで果たされていった。それはおのずと高度な専門家集団となり、独自の教育組織を必要とするものとなってゆく。しかもこの共同体は、言説を共有する以上に、言説を超えた、生活全体を共有している。こうなれば、文藝の制作現場にもまして、同一宗派内部の思想的自足性は強固になり、軋轢や対立が起こるとすれば、対個人ではなく対共同体、すなわち対宗派になってゆくだろう。

では、こうして仏教という外来の理をもとに雅の極を完成した宗学において、あらたなものや土着のものが入り込む余地がなかったのかといえば、そうではない。文藝において、階級対立は影響せず、「低俗な」言語遊戯に属した藝能や文藝が貴族的な雅の世界の文藝に昇格するジャンルの上行現象がつねにみられたことは、雅はつねに俗と接し、俗から力を得てあらたな雅として再構成されたことを物語っている。仏教の歴史においてみるなら、鎌倉仏教は、「新」「旧」を問わず、この上行現象が——逆説的になるが——いわば「雅」の極から、かつてないほど強い力で誘発された時期だったとみてよいだろう。比叡山という仏教の既成の「雅」の世界を下りた「祖師」たちは、「俗」と接する下界において、念仏を、浄土を、題目を、坐禅を、すなわち仏教思想における「俗」の側にあった実践的概念を、反転して雅の究極として立て、漢語を離れ、和語をもって表現した。その教団を構成するものたちは老若男女、貴賤道俗、京夷庶民であり、武家集団であり、職能集団であったことは、その言説がいかなる内容であったかにとどまらず、どのように生きられたかを知るうえで重要である。

こうした仏教の運動における言説が作調において主情的で、内向的、陰性的なものであったかと問われると、一般の文藝に比すればおよそ正反対であって、その客観的、外向的、陽性的傾向は顕著である。あらたな教義の樹立は、つねに庬大な仏典の裏づけと解釈の妥当性を説明的、表出的にしめす方法でおこなわれ、しかも教義の意義は対外的に宣言された。一般に現世逃避的傾向をしめす言明として引用される「厭離穢土、欣求浄土」を標榜した法然やその弟子の親鸞は、ときの叡山や朝廷の弾圧に果敢に対し、その教義を貫徹した。それはそのまま言述として残されている。一例として親鸞の『教行信証』「後序」冒頭の文言をみてみよう。

竊かにおもんみれば、聖道の諸教は行証ひさしく廃れ、浄土の真宗は証道いま盛りなり。しかるに諸寺の釈門、教に昏くして真仮の門戸を知らず、洛都の儒林、行に迷うて邪正の道路をわきまうることなし。

ここを以て、興福寺の学徒、太上天皇、今上、聖暦、承元丁卯の歳、仲春上旬の候に奏達す。主上臣下、法に背き義に違し、忿をなし怨を結ぶ。これに因りて、真宗興隆の大祖源空法師ならびに門徒数輩、罪科を考えず、猥がわしく死罪に坐す。或いは僧儀を改めて姓名を賜うて遠流に処す。予はその一なり。しかればすでに僧にあらず、俗にあらず。この故に禿の字を以て姓とす。(『教行信証』金子大栄校訂、岩波文庫、一九五七年、四四四—四四五頁)

烈々たる気魄は読むものを圧倒する。たしかに宗教者にとって言説は少なからず歴史的現実の反映であり、言説のみを現実から遊離させる文藝とは異なっている。だが一方で、いったん言説化されてしまえば、それは歴史的現実から自立したものともなるのであり、その視点からみたとき、この一節には、不如意な運命から来世に逃避するような要素は微塵もない。それは必然不可避な運命と決然と闘う、西洋の tragedy にずっと近いものである。

叡尊、道元、日蓮など、いずれをとっても、決然たる意志をもって運命的な境涯を超えてゆくところに出家者としての意義をしめし、それを言説として残している。そこには世俗の世界のしがらみを捨て去ったからこそ、譲ることのできない義と理が歴然とするという経緯が窺える。出家をたんに遁世と置き換えてしまうなら、この重要な事態はみえなくなってしまう。

さて、言説とそれを維持する共同体との不分離な関係に戻れば、近代以前、文藝一般において、あらたな運動が起こっても、それは伝統的な言説とつながり、その言説をになう共同体とつながっていた。これは雅の時代を規定する重要な要素である。だとするなら、中村元が批判をする「系譜偏重主義」「研究に関する尚古主義」は、日本の精神文化のなかで言説が存在するための必要条件だったのである。ところが近代以後になると事情はすっかり変わった。印刷と教育の画一的普及によって言説は個の立場で発信可能となり、西洋の個人主義の強い影響とも重なって、むしろそれ以外には考えられなくなった。この転換点を過ぎたさきに位置するのが中村元の最終講義である。

だが時代はさらに大きく変わりつつある。印刷文化からデジタル文化へと移行しつつあるのだ。この環境でいったいなにが起こっているのか、そのとき宗学はどうなるのか、その問いへの応答が本稿に課された課題である。ただ、この課題に入るまえに、もうひとつ残された重要なテーマを考察しておかねばならない。それは、宗学は言説の考察のみに閉ざされず、歴史的現実に向きあわねばならないこと、それも僧侶というあり方を尊重しつつそうしなければならないことである。

五　歴史学の再考と宗学

僧侶として歴史的現実に向きあうこと――。宗学に固有のこの課題をとらえるについて、本書の多くの論者たちが宗祖の経験の「追体験」に言及していることに注目したい。たしかにこれが実現されるなら宗学の主要な目的は達成されたといってよいのだろう。だが問題は追体験なることばでいったいなにが意味されているのか、それがいかにすれば可能となったといえるのか、そのことの詳細を把握するところにある。

宗祖の体験の追体験が可能となるためには、過去の実在性とその再現可能性という課題が明確にされるとともに、さらにそれが他者の経験した過去に関して実現されるという問いが解決されなければならない。いずれも哲学上の難問であるが、ことに後者は解決が難しい。本稿においては、問題のいくつかをしめし、宗学の成立に資する準備をしておこう。ここでは、ポール・リクールの壮大な研究成果のなかで関連性の高い研究（『時間と物語』Ⅲ、久米博訳、新曜社、一九九〇年）に依拠しつつ考察する。

宗祖のことばを読みときながら、追体験を課題とする論者たちには、過去の仏教者が残した言説に過去が存在し、その言説のうえで、あるいは言説を通して、他者の過去の体験を自身が現に体験しうるとの了解がある。消滅したけれども存在した、実在する過去という観念と、それが言説をはじめとする痕跡のうえで成立しているという理解、さらにその過去を後代のものが経験しうるという確信は、歴史家が史資料に向きあい歴史学を成立させる信念に重なっている。

じっさい歴史家のロビン・コリングウッドは「いかなる歴史も歴史家自身の精神における、過去の思考されたことの追体験である」と主張する（リクール、同、二五七頁）。ただ、あまりに簡明にすぎるこの言明が理論的根拠をもって成りたつためには、まず痕跡という概念について理解を明確にし、つぎに過去性の理解の内実を同一性の概念とともに分析する必要がある。そのうえで、そもそも歴史学の叙述が過去の再現でありうるかという、言語論的転回の問題に立ち帰らなければならない。

まずは「痕跡」trace と過去と歴史の関係を押さえよう。カール・ホイシにしたがうリクールによれば、過去とは歴史的認識がそれに向かって適切なしかたで対応しようと努める「対面するもの」Gegenüber である。そこではなにかを代理するという意味の représenter と、不在の外在物の心像を自分に与える、表象するという意味の se présenter の両義が機能している。歴史学は痕跡による認識であり、それは過ぎ去ったものの残存物のなかに保存されている過去の有意味性に訴える。したがって痕跡は過去によって残されたものとして過去に匹敵し、過去の代理 lieutenance あるいは代理表出 représentance, Vertretung の機能を果たす。

この機能は痕跡による認識に特有の直接的ならざる指示を特徴とする。それは歴史が過去について指示する方法を、自然科学における過去の記述やフィクションにおける過去の叙述など、他のあらゆる方法から区別する。ハイデガーが「そうした〔過去の〕世界はもはや存在していない。しかしそうした世界の以前の世界内部的なるものは、なおも事物的に vorhanden 存在している。世界帰属的な道具としていまなお事物的に存在しているものは、それにもかかわらず過去に属しうるのである」というとき、かれは歴史家が痕跡によって意味しようとするものを適切に表現している（リクール、同、二二四頁、〔 〕内引用者）。

コリングウッドの議論は、この理解を分析的に推し進めたものになっている。かれは、第一に、できごとの概念を根本的に修正し、思考されたもの thought――それは合理的思考のみならず、意図や欲望など動機づけの領野全体をふくむ――と呼ぶことのできるできごとの内面を、自然的変化に属する物理的現象としてのできごとの外面から区別し、第二に、できごとの連関を再構成する歴史家の思考を、かつてすでに考えられたものを再思考する行為とみなし、第三に、この再思考を最初に思考されたものと数的に同一と判定して追体験を立証しようとした。ハイデガーが「以前の世界内部的なるものは、なおも事物的に存在している」というのは、これら三段階を一緒くたにまとめたような表現である。

コリングウッドによれば、再思考に固執するもの、すなわちかれの意味する歴史家にとって、思考されたことは時間のなかにはない、非時間的なものである。過去が現在と分離されるのは自然においてであり、歴史においてではない。自然の過程における過去は無用化され死んだ過去であるが、同じできごとが歴史的に知られているとき、それは現在において生きつづけている。

「過去は痕跡を残すことによって生きつづけ、ひとはその相続者となることで過去に思考されたことを追体験できる」。「逆説的ながら、痕跡が過去の痕跡となるのは、その過去としての性格が、できごとをその思考される内面において再思考する非時間的な行為によって廃棄される瞬間においてのみである」。すなわち、痕跡に向きあう歴史家が、過去において思考されたものを現にふたたび思考しえていると確信しているとき、かれはいわば過去の内部に入り込むことで痕跡と自身とのあいだにあった時間的な隔たりを無化し、痕跡の過去性を廃棄している。逆接的なようだがこのときに眼前の痕跡が過去を表す痕跡となっているのである。

歴史学界にさまざまな異論を巻き起こしたこの理解について、リクールはていねいに分析批判する。コリングウッドの理解にしたがうならば、「歴史家は過去をまったく知らず、ただ過去についての歴史家自身の思想を知るだけである」ことになる。さらに同一性を根拠とする追体験が歴史を成りたたせる理論たりえない問題を、以下の二点において指摘する。第一に、コリングウッドが提起する議論にしたがえば、つまるところ歴史家は自分の行為ではない行為を追体験していることを知ることになるが、私のものとしての過去についての思考から、他なるものとしての過去についての思考には移行できない。この点でこの企図は躓く。反省の同一性は反復の他性を説明づけられないからである。

第二に、追体験が過去のできごととの同一性を実現するものだとすれば、追体験という行為そのものが、過去の他なるできごとに吸収され、それ自身のできごととしての意義を消失させてしまう。「原初の創造に対比してそれ自身の差異を廃棄してしまう行為をどうして再＝創造と呼べようか。追体験 reenactment の接頭辞 re は、時間的距離を無にしてしまおうとする操作に、さまざまなしかたで抵抗する」（リクール、同、二六〇頁）。結論として、追体験は、過程、習得、統合、発展、批判といった、それ自身を成りたたせている諸条件を明らかにしつつ批判的に考察されるべき独自の行為なのである。

リクールはつづいて、まったく対照的に歴史を「差異性」「他性」としてとらえるポール・ヴェーヌ、ミシェル・ド・セルトーらの立場を検討する（リクール、同、二六一―二六七頁）。そのうえで、実体的な過去を排除し、現前するものの心的反復という意味での表象を放棄する点では考慮に価するものの、現在に過去が存続することに積極的なものを認めない点に限界があるとする。「つねに抽象的体系に関係し、しかも脱時間化された差異は、いまは不在で死んでいるがかつては実在し生きていたものの代理をなしうるはずがない」（同、二六七頁）。

最終的にリクールが高く評価するのは、単純な項と項の関係ではなく、関係と関係のあいだの相似を問題にし、比喩論（トロポロジー）によって歴史叙述を明確化しようとするヘイドン・ホワイトの「類似」の立場による歴史理論である（同、二六七―二七五頁）。レオポルト・ランケのいう、「それがじっさいにあったように wie es eigentlich war」という言い回しに象徴されるように、代理表出は「のように」の表現によって歴史に独自のカテゴリーをしめす。フィクションと対比したときの歴史の言述の独自性は、まず史資料から読みとれるできごとの全体を認識可能な対象として「予示する」ことにはじまる点にあり、この最初の段階において隠喩、換喩、提喩、反語法という比喩の理論が力を発揮する。

過去の実在性、すなわち既在性が問題になるのは、それができごとの既在性であれ、証言の既在性であれ、いま観察されえないというかぎりにおいてである。現在不在であるものの既在性を探し求めるのに力を発揮する類推は、それ単独にではなく、同一性と他性とに同時に関連しながらはたらく。過去とは、一方で同一性にもとづいたやりかたで追体験することであるが、同時に過去はわれわれの構成物のすべてが不在であり、他性であるかぎりにおいて過去なのであるから、歴史はこの両者を満たす言述を持たなければならない。この点で、「…のようである」事態を言明する「類似」は、「…である」と同時に、「…でない」ものであり、追体験の力と、そこから距離をおく離間の力とを、同時にそれ自身のなかに保持している。同一性と他性をともに満たしているのである。

宗学が過去の言説に向きあい、さらに現実に向きあい、伝統を保持しようとするさいの課題は、歴史家が過去に対面するさいの課題から学ぶものが多い。本書の論者たちが言及した追体験は、宗祖との同一性を実現しようとする宗学の重要な出発点となる。ただ、そこに留まったままでは、宗学から他性が消え、歴史が消える。過去との向きあいには、痕跡を可能ならしめる過去の存続、われわれを相続者とする伝統、あらたな所有を可能にする保存、これらすべてが整い、考察の対象とならなければならない（同、二六一頁）。そのためには、追体験の同一性から、他性へと踏み出し、さらに同一性と他性の双方を弁証法的におさめとる比喩の理論にまでいたる必要がある。
以上の分析にくわえ、注目をひくのは、リクールが「歴史家は史料を通して、史料の証明によって、かつてあったものに従属している。過去に対して負債をかかえ、死者に対して認知の負債を負っている」（同、二五四頁）ととらえ、歴史家の良心はこの負債の返済意識にあるとみている点である。「代理表出」というカテゴリーは、負債を負う感情によって強化され、観察言語や外延的論理学において機能する指示のカテゴリーには還元しえない（同、二八八頁）。

歴史家にとって歴史が「対面するもの」Gegenüber であり、残された史資料が代理表出しているものとのあいだに歴史家が負債の関係を認めることは、宗学を担おうとするものたちが、僧侶であるという事実に重なるところがある。葬儀や供養にたずさわる僧侶は、過去に対し死者に対し責めを負い、遺された教えが切実な代弁者となって表出しているものに向きあっている。こうした宗学者には、負債を返済するものとして、歴史の継承者たること、伝統の相続者たることが、倫理的な責務として求められている。

系譜偏重主義を批判し、尚古主義を難じ、現在のインドの習俗に過去の意義を直接重ねる中村元の最終講義には、こうした過去性をめぐる歴史の諸課題や、伝統に対する負債の意識はまったく窺えない。伝統に対する負債の意識をもつ必要のないまま、「原始仏教」に直接に向きあうことのできる現在の仏教学は、歴史意識を深化させることが難しいだろう。むしろ長大な歴史を担わざるをえない宗学こそ、自己の成りたちの原理を精査する営為をとおして歴史をより深く問いなおす可能性をもっているだろう。

六 デジタル・ヒューマニティーズと宗学の未来

宗学の成立をめぐって辿った以上の学問的諸状況はいま大きく変動しつつある。前世紀後半より本格化した情報通信技術革命が諸科学の知識環境の形成に多大な影響を与え、基盤となる知識構築の方法から、研究の手法、成果の公開と交換の方法に至るまで研究を成立させる全過程を大規模に変革しつつある。これによって仏教学も宗学もすくなからぬ部分が変わる可能性がある。

これまで人文社会系の諸学は、言語、記号、画像等の相違を問わず、伝統的表記法によって構成された史資料を直接に研究の対象とし、その内容の分析や解釈によって深化、発展してきた。しかるにデジタル媒体の出現と浸透によって、あらゆる研究素材はいったん二進法による表記に転記され、そこから再度代替的対象物として再構成される過程を経るようになった。このプロセスに組み込まれるとき、所与の事実として無条件に存在していた研究素材は、すでに特定の技術制約を受けて成立した構成物として理解しなおされる必要に迫られている。自然言語で占められていた言語地平はコンピュータ言語の浸透によって混成的言語状態に変じ、身体が直接に相手としていた画像や音声は機械可読なデジタル情報へと転換されている。

ここに出現したプロセスは、すくなくとも以下の三点において、仏教学や宗学はもとより、人文学の成りたちの基盤に多大な影響を与える。第一に、このプロセスは、人文学の根幹をなすテクストや諸事物に対する分析や解釈の行為について、その発生以前を規定するものであること、第二に、この普遍的な表記法への移行は、かつてない速度と規模の計算を可能にするとともに、つぎつぎに新規なデータを生み出し、いわゆるBig Dataとなって従来の研究分野を変容しつつあること、第三に、このプロセスは、あらゆる諸科学から自立し外部化されたシステムとして機能しており、個々の学問の方法によって制御しうるものではないことである。こうした未曾有の事態に対応することは、人文学の喫緊の課題である。

これらの課題に正面から向きあい、情報学や情報工学と協働しながら人文学のあらたな進路を切り拓いている学問分野、それが人文情報学、デジタル・ヒューマニティーズである。この学問分野は、"A Short Guide to Digital Humanities" (*Digital Humanities*, T. Presner et al. ed, MIT Press, 2012) によればさしあたって「「デジタル」と「人文学（ヒューマニティーズ）」という語が結合して新たな集合単数形となるところから生まれてくるチャンスと課題によって描き出される」(http://21dzk.l.u-tokyo.ac.jp/dhc/sg2dh.pdf 2018.07.10 参照) ものと定義しておくことができる。

人文情報学は以下の三つの点において人文学に対する備えをなしつつある。第一に、資料のデジタル化が現出する領域横断的傾向に対応すること、第二に、人文学のそれぞれの専門分野が対象とする資料やもちいる方法の特性を自覚的に記述すること、第三に、テクストが構成される事態そのものに対する原理的反省を促すことである。

第一の課題は、だれの目にも明らかなかたちで現れている。書物や論文、美術作品や諸事物のデジタル化が厖大な規模で進むことによって、書物のなかに閉ざされ、固有の事物として図書館や博物館の片隅に収められていた知識は、物理的制約から解放され、国内の大学、図書館、博物館などの相違はもとより、国境さえ超えてウェブという一つのプラットフォームに出現し、書斎のパソコンのうえで、さらには移動中のスマートフォンのなかで利用可能となった。日々進展する知識状況に対するリテラシーを涵養し環境を整備することは、研究の成立に大きく影響する問題となっている。

こうした変化が、学問の進展とともに著しい専門化を進めてきた人文学を領域横断的に開き出すことについては多言を要しないだろう。じっさい、欧米のデジタル・ヒューマニティーズの領域で活躍する研究者は、ことに米国において顕著なように、図書館という公共的場を中心とし、そこにあらたなラボラトリーを設立することによって研究、教育を推進している。研究の制度的拠点にたしかな変化が起きているのである。

第二の課題は、人文学成立の核心に関わる。デジタル化によってあらたな言語が創成され自然言語と共存せしめられることによって、あらゆるテクストはこの混成的言語状況において表現しなおされる。このとき人文学者たちは、みずから扱ってきたテクストの内実を情報学者に適切に引き渡すことができるよう分析し、一般化して表現することが必要となる。このために人文学は各専門分野が対象とする資料やもちいる方法の特性を自覚的に記述しなければならない。

混成言語状態の出現とデジタル化の進展は、第三の問題、すなわちテクスト研究に対する原理的反省を人文学者に対して迫ってくる。それは「テクスト内在性」Intra-textualityと「間テクスト性」Inter-textualityという二つの対照的な課題となって現れている。

これに関してまず意識しておくべきことは、いかなるテクストも、言述の構成をふくめテクストの「形態」に意味の発生源があり、ひとはその形態にそってテクストの意味を読み取ろうとしていることである。テクストを解読するとはこの形態の読み取りにほかならない。これが「テクスト内在性」の問題である。

テクスト内在性には、それと密接に関わるもうひとつの課題がある。それはひとつのテクストは、多くの他のテクストとの関係の内部にあり、そこには先行して存在するテクストの影響が浸透している事実である。「間テクスト性」の問題である。ひとつのテクストを読むとき、研究者はこれら関係テクストの影響全体を同時に読みとろうとしている。つまりテクスト内在性の実質は間テクスト性によって浸透されている。間テクスト性の把握は研究の成否を握る鍵となる。

情報のデジタル化は、間テクスト性を可視化するうえで絶大な力を発揮し、かつて望みえなかった研究環境を創出する。ひとつの知識基盤がテキストデータベースとして完成すれば、関連する情報は自動的に共起情報として抽出され、諸術語間の関連性が探り当てられる。さらに複数のデータベースがWeb Application Programming Interface（API）によって連携されれば、厖大な情報の多様なネットワークが生まれ、当該テクストはそのなかに再生させられる。

まさにこの点で人文学を先導する知識基盤の事例が、ＳＡＴ大蔵経テキストデータベース（SAT http://21dzk.l.u-tokyo.ac.jp/SAT/satdb2018/master30.php）である。大正新脩大蔵経のデジタルテクストを中心に、フランス国立図書館所蔵写本、大英図書館敦煌プロジェクト所蔵写本をはじめとする諸テクストを連携し、明代万暦版大蔵経の全体と図像部全十二巻の全図像をトリプルアイエフ（IIIF, International Image Interoperability Framework）という画像データ共有の国際規格に準拠して提供する。このデータベースは二〇〇八年公開当初より Digital Dictionary of Buddhism（http://www.buddhism-dict.net/ddb/）と内構造的に連携することによって漢語の大蔵経のほぼ全体が、研究者によって寄稿された専門的英語に翻訳される仕組みを完成した。さらにその逐語的英語を介することによってドイツ・ハレ大学等が運営する「南アジア文献データベース」（SARDS 3 http://www.sards.uni-halle.de/）に連携され、一七九七年から二〇〇〇年にかけて欧米で出版されたインド学関係書誌情報に接合されている。国内に向けては国立情報学研究所から科学技術振興財団に受け継がれた論文データベースに連携し、経典本文から国内出版の関係論文が表示され公開済みの論文すべてがその場で採取可能となっている。

この大蔵経データベースは、個別のテキストデータベースであることを超え、ハンブルク大学 Indo-Tibetan Lexical Resources（ITLR）、ライデン大学 Open Philology、ブリティッシュコロンビア大学国際プロジェクト等、国際研究組織と連携して、仏教研究のための総合的国際研究基盤となりつつある。分野全体の知識を可視化し、利用可能とする研究環境の創出であり、仏教学における間テクスト性はこの地平に現実のものとして現れている。

間テクスト性をめぐるデジタル技術の進展は、人文学の環境を整備するという実用的貢献に留まらず、人文学を原理的に問いなおす可能性がある。イタリア文学者フランコ・モレッティが文学研究についての衝撃的な著書『遠読』Distant Readingを出版してすでに四年が経つ。モレッティは従来の文学研究がきわめて限られた数の「正典」の「精読」close readingによって成立していた状況を反省し、一つの作品を厖大な作品情報のなかに位置づけて評価をする必要を説いた。たとえば、英国ビクトリア時代の文学作品を分析するとき、人力ではせいぜい二百冊ほどの書物を読み、そこに当該テクストを位置づけるのが研究者のなしうる仕事である。けれども当時の英国ではすでに六万冊を超える書物が出版されている。圧倒的多数を無視して成りたつ文学研究は、その信頼度に疑問符が付されるだろう。個別テクストの意味が他テクストとの関係において構成される以上、知識が桁違いに増大した現代、さらに増大する将来にあっては、テクストは「精読」されるのではなく、仮説検証的計算機モデルによって量的分析に曝され、まずは遠くから「遠読」されたうえで、意味の決定に進まなければならないという。

デジタル媒体の出現は、研究成果を支える知識基盤に起こる地殻変動であり、知識が依拠する新大陸の創成である。言語、歴史、国境、あらゆる境界を超えた普遍的知識環境の出現は、これまでに共有されたさまざまな意味を、いったん混沌に戻している。近代において大学制度が創出され、仏教学と宗学とが分離して相互関係が逆転した事態、中村元によって系譜主義や尚古主義を超えて普遍的知識を求める必要性に覚醒させられた事態、遠大なときをかけて特有の共同体を形成し言説を構築してきた日本文藝の歴史的特質、遺された痕跡を相手に過去性を問い、言説の構造にその内実をみとどけようとする歴史学の努力、本稿で提起したこうしたあらゆる問題は、過去から伝承された文化遺産をアーカイブし、そこから再度意味を抽出するための基盤となるこの新地平において、あらたなかたちで問いなおされている。

この状況にあって求められるもの、それは、逆説的に聞こえるだろうが、固有の伝統から発しつづけられる意味の存在である。伝統を横断すべく人為によって立てられた「普遍思想」が桁違いの規模の横断的情報の海のなかに消失していっても、長大な歴史のなかに継承されてきた意味は、その意味を生み出す努力が存続するかぎり、消えずに残るだろう。領域横断的状況においてこそ普遍化ではなく専門化が重要になる。問題は専門を普遍の場に開くことである。浄土宗全書がSAT大蔵経テキストデータベースと連携しえたことはその先駆的事例として評価しうるであろう。仏教研究において宗派から自立した大学に大蔵経データベースが構築された意義は、宗派の伝統とは区別された知識を樹立することにあるというより、それぞれの、宗派に固有の伝統的学問の意味が開顕される公共の場を提供する点にある。

私の坐禅修行と宗学——エッセー風に

藤田一照

一　はじめに

二〇一七年の三月のある日、本書事務担当の阿部貴子氏から筆者あてに次のような依頼状が届いた。

（前略）昨年度、大正大学教授で智山派の廣澤隆之先生が古稀を迎えられ、宗派の教育・研究推進団体「智山勧学会」でただいま記念事業を行っております。記念事業の一つは、「宗学を問い直す」研究会を各宗派（真言・天台・浄土・真宗・日蓮）の新鋭の研究教育者八名で開催すること。二つ目は、書籍『（仮）日本仏教を問う——宗学のこれから——』（春秋社）を発行することです。この本のなかで、上の八名の先生の論文を一読していただき、視点の異なる先生に「これからの仏教（宗学）の学び」のような論文（エッセー）を執筆いただくことになりました。私は、この両事業の事務役をしておりますが、廣澤先生より「ぜひ藤田先生に原稿の執筆をしてもらうように」と仰せつかりました。

廣澤先生の問題意識は大よそ次のようなものです。仏教は明治期以降、近代的方法（サンスクリット語や歴史学）により大学で研究されるようになりました。そして宗派の伝統教学や宗学でさえも、同様の方法で学ばれています。しかし仏教や宗派の学びは本当にそれでよいのか、これまでの方法や方向性を見直し今後の仏教の学びを模索しなければならない状況にあります。

そこで、ぜひ禅宗を内部からも外部からも見てこられ、現代人が求めている仏教にも精通しており、修行者という立場にもおられる藤田先生に関わっていただきたいという思いでございます。（後略）

私は、仏教学の研究者でもなく、ましてや宗学を専門的に学んでいる者でもない。二十代の終わりに、縁あって在家の身から出家得度した一介の禅の修行僧にすぎないので、お引き受けするかどうか躊躇逡巡した。そこで、阿部さんに「廣澤先生からのご指名、たいへん光栄なことですが、果たして自分がその責をはたせるかどうかはなはだ心もとないものがあります。送っていただいた書類を拝見し、趣旨は了解しました。小生は、仏教学者でも宗学研究者でもありませんので、エッセーのようなものしか書けませんが、それでもよろしいでしょうか？」と返信したところ、「内容はもちろんエッセー的なものでお願いします。宗派の〝伝統〟に対して、大学の教員や研究員とは異なった視点が必要だと考えておりますので、藤田先生が宗派の学問や『宗学』に感じていることをお書き下されば構いません」とのお返事が返ってきた。

　廣澤隆之先生がちょうど智山伝法院の院長をされている時期に、一度だけ講師として招かれて、アメリカにおける禅の現状を中心にお話をさせていただいたことがある。そのあと、坐禅の坐り方の実修指導もさせていただいた。それがご縁となって、今回、廣澤先生の古稀記念論文集への寄稿をお誘いいただいた以上、何らかの形でお応えしないわけにはいかないとの思いもあって、お引き受けすることにした。

　私事にわたって恐縮だが、実は伝法院でお話させていただいたときに、クンチョック・シタル先生にもお会いして少し個人的にお話しすることができた。のちに、そのクンチョック先生のお口添えで、釈尊成道二千六百年を記念してインドでおこなわれた仏教徒の国際会議 Global Buddhist Congregation 2011 に、日本からの訪印団の一員として参加することができたのだった。インドで多数の海外の仏教僧たちと交流し、代表的な仏蹟を共に巡るといった貴重な経験をすることができただけではなく、一緒にインドまで行き、そういう経験を共有することで、日本の他宗派の若い僧侶の方々と親しくなることができた。彼らとは今もつき合いが続いている。智山伝法院での講義の依頼をお引き受けしたことが、そういう予期せぬ展開へとつながっていったことに驚きを禁じ得ない。今回の廣澤先生の古稀を祝う論文集へのお誘いもまた、それと同様の思いがけない展開の一つだと感じている。

　前置きが長くなってしまったが、これから「宗学」について思っていることを断片的にではあるが、坐禅修行者の立場から述べることで、責を果たしたいと思う。私は曹洞宗に属しているが、曹洞宗の宗学の中身そのものについてではなく、一坐禅修行者と宗学がどのように関わりあっているかという実際の体験を大方の参考までに記してみたいのである。

二　研究から参究へ

私はもともと大学院の学生として発達心理学を専攻していたのだが、博士課程の一年生の時に、ある方に勧められるままに何の予備知識もなく、鎌倉円覚寺居士林での一週間にわたる冬の学生接心に参加した。この時の体験が機縁となって、坐禅に自分の首根っこをつかまれた形で、それから一年ほどのちには大学院を中途退学して禅の修行道場に入門する決意をすることになるのだから、人生何が起こるかわからないものだ。私が仏道に足を踏み入れることになったのは、何よりもまず坐禅という実践、行法を実際に体験し、直感的に強く魅かれる何かを感じたからだった。つまり、私の場合は、仏教の教理云々以前に、たまたま偶然にというしかない流れで、まず坐禅という行法に出会ったということになる。教理を学び始めたのは、その後の話だ。自分がなぜだかわからないが強く魅かれたものとはいったい何であったのか、それを知的にも理解したいというのが、仏教を学として学ぶ大きな動機である。私の場合、今でも重点は修行の方にあるので、自分はあくまでも修行者であってアカデミックな世界の人間ではない。比喩的に言えば、坐禅という食べ物を何もわからずともかく口に入れて飲み込んだあとに、それがいったいどのようなものだったのかを知ろうとして、あわててその食べた物についていろいろ調べ始めたようなものだ。現在では、その食べ物を他の人に勧めるにあたって、それが何であるかを説明することが必要な局面もあるので、そのためもあって調べ物は続けている。私にとって、仏教学、宗学を学ぶとは、あくまでも行を明らかにするためにするのであって、学問的に何か新しいことを発見したり、新説を主張するためではない。

円覚寺での坐禅体験を通して私の中ではっきりしてきたのは、当時大学院生として自分が感じていた「行き詰まり感」の正体が、自分がやりたいと思っていたのは第三人称的で客観性を重視する「科学的研究」ではなかったということだった。そして、禅は、対象的に自分の向こう側にあるものを研究するのではなく、「己事究明」と言われるように自己自身を第一人称的に主体的に「実存的参究」の道で、自分は実はこういうことをやりたかったのだということだったのだ。だから、たとえ経典や聖典、論書、祖録などを学ぶにしても、それは「研究」ではなくあくまでも「参究」のためであり、「古教照心（古き教えによって心を照らす）」のためなのだ。私においては行と学の関係はそのようなものである。

三　内山老師の仏教書リスト

私は十歳の頃のある夜、星のまたたく夜空を見上げた時に突如、自分がこの世にこのようにして存在していること自体が深い謎であることに、大きなショックと共に目覚めるという体験をしてしまった（この時の体験を「私の星空体験」と呼んでいる）。なぜだかわからないが、とにかくそういうことが自分に起きてしまったのである。この体験は誰にも語られることなく、自分の胸にしまいこまれたのだが、その後も、何かの条件がそろうと、あの「星空体験」の時に感じたような体感や情緒が時々甦ってくるのだった。禅で言う「疑団」のようなものだったかもしれない。円覚寺居士林での生まれて初めての坐禅は、どういう訳か、その原点的な場所に自分を一挙に連れ戻してくれたような気がしたのである。そして、雲水さんに指導されるままに脚や腰の痛みに耐えながら、暗がりの中でじっと坐っていると、十歳の頃のあの「星空体験」を通して自分の中に宿った、言語化することさえ難しい大きな疑問の中に自分が再び投げ込まれているように感じられた。まもなく三十歳になろうとする今、本腰を入れてその疑問に取り組まなければ、自分はこの先確かな人生の一歩を踏み出せそうにないこと、この禅という伝統はその疑問を真正面から取り上げ、何百年にもわたって考究してきているらしいことがはっきり見えてきた。

それ以降、円覚寺での各季節に行われる学生接心に加えて、都内の二つの禅寺で定期的に開かれる坐禅会に通うようになった。そうやって坐禅にはまればはまるほど、将来のことはさもあらばあれ、今はとにかく、この坐禅という行をフルタイムで修行できるような場に飛び込みたいという思いが自分の中に育っていった。その思いに導かれるようにして、いろいろな縁が自分の前に開けて行って、最終的には曹洞宗の一風変わった修行道場である兵庫県山中の紫竹林安泰寺に入山することになった。二十八歳の春のことである。そこで一年間、居士として修行生活を経験した時点で、出家の志が変わらなかったどころかますます強くなっていたので、師匠にお願いしてそこで出家得度してもらった。坐禅を始めたのは臨済宗の伝統においてであったのだが、当時指導を受けていた臨済宗の老師のアドヴァイスで、図らずもかなり家風の違う曹洞宗の僧侶になった訳である。

坐禅という行の持つ理屈を超えた何かに触発されたとしか言いようがない形で僧侶になったので、その時点では、仏教学とか宗学についてはまったく知らない状態だった。宗学という単語さえまだ知らなかったから両者の違いなど知る由もなかった。私は学者になろうとしていたくらいだから、もともと頭で知的に理解しなければ気がすまない性質《たち》であったから、心理学の研究者から禅の参究者へと路線を転換しようとした時点で、禅の修行は道場で指導を受けるとして、さて仏教の教理や禅の哲学についてこれからどう学んでいったらいいのかということが問題になった。そのことについてのアドヴァイスをいただこうと、安泰寺に正式に上山する前に、宇治木幡に隠棲中の私の師匠の師にあたる内山興正老師（安泰寺第六世　一九一二〜一九九八）のもとを尋ねた。

「私は心理学の大学院を中退して修行の道に入った者ですから、仏教学についてまったくの素人です。これからどのように仏教を学んでいったらいいでしょうか？」という私の問いに、内山老師は「私も早稲田大学で西洋哲学を勉強していて、それから二十九歳の時に坊主になったんですよ。だから、あなたと同じで仏教についての学問は全然やっていなかったからね、師匠の澤木興道老師（安泰寺第五世　一八八〇～一九六五）にあなたと同じような質問をしたんですよ。そうしたら『まず、こういう本を読んで勉強しなさい』と言って、ご自分の手で紙にその本のリストを書いてくれました。私もあなたにそれと同じリストを書いてあげますから、安泰寺に行ったら少しずつそれを読んでいきなさい」と言って、そばにあったメモ用紙にそのリストを書いてくださった。

その本のリストには下記のような本の書名が記されていた。『七十五法名目』、良遍の『観心覚夢鈔』、空海の『般若心経秘鍵』、諦観の『天台四教儀』、法蔵の『華厳五教章』、吉蔵の『三論玄義』、凝然の『八宗綱要』。そして道元の諸著作と『正法眼蔵随聞記』。

内山老師は、そのメモを渡しながら、「まずは『天台四教儀』から始めるのがいいでしょう。それがすらすらわかるぐらいになっておけば、後はまあ、どれから読んでもいいですが、まず困ることはないと思いますよ。それから、道元さんの著作の中ではもちろん『正法眼蔵』が大事ですが、われわれ修行者が忘れてならないのは『永平清規』です。『正法眼蔵』を実地に生活として具現する手引き書ですからね。学者は『正法眼蔵』を思想書として読みますが、われわれはそれではいけません。それと『正法眼蔵随聞記』は道元の著作ではありませんが、必ず何度も読み直しなさい。私は岩波文庫版をもう何冊も読み破りました（ボロボロになるまで読むの意）。」と私に向かって言われた。

私は内山老師から渡されたリストを頼りに、注釈書や参考書の助けを借りながら、仏教学の勉強を始めた。大学での授業の形で仏教学を学ぶことなく僧侶になった私には、内山老師のアドヴァイスと仏教書リストが仏教教学を学ぶ基本指針となった。自給自足の生活を目指して水田や畑で米や野菜を作り、味噌や漬物も自家製でまかなおうとする安泰寺では日中は作務三昧で、本に向かって勉強する時間をとることはできない。夜の坐禅が九時に終わってから就寝までの時間や、作務がお休みになる放参日を使って勉強するしかない。幸い、安泰寺では、一月から三月までの間は大地が雪で覆われるために、作務の代わりに日中は仏教の勉強に集中する修学期間が設けられる。その三か月間は、内山老師のリストの中から一冊を選んで集中的に読んでいった。

内山老師が澤木老師から渡された仏教書リストに上がっている書物は、日本の各仏教宗派の初心の僧が入門書として読むべきテキストとして定評のあるものだったことが、後になってわかった。仏教の素養のない私にはけっこう難しい本ばかりではあったが、これらの本を読破すれば一応は日本仏教の各宗派の教学の基礎レベルは押さえることができるということだ。今にして思えば、こういう幅広い学び方をしたことで、禅宗の教義だけに閉じこもるのではなく、他宗派の教義についてもある程度の見通しを得られたことは、たいへん助けになっているし、よい学び方だ

った と 実感している。この点に関して、内山老師、ひいては澤木老師のお示しに心から感謝している。おそらく、このリストには澤木老師自身の修学の体験が反映されているのだろうと想像している。

出処は忘れてしまったが、澤木老師の言葉として「倶舎や唯識といった基礎教学をやらないで『正法眼蔵』を読むのは、マスやハカリなしで米屋をやるようなものだ。あてずっぽうでやる商売はあぶなくてしょうがない」といった趣旨のことが伝えられている。法隆寺の勧学院で碩学佐伯定胤師のもとで唯識をみっちり学んだ澤木老師が、永平寺で『正法眼蔵』の講義を聞いたら、ずいぶん教学的に間違ったことが語られているのを見抜くことができたというエピソードもある。道元禅師はそういう基礎教学をしっかり修めた上で、さらにそのうえに独自の『正法眼蔵』を書かれているのだから、それを読むわれわれにも当然の前提として基礎教学の理解が要求されているというのが澤木老師以来の安泰寺の伝統なのだ。

禅は「不立文字　教外別伝」を標榜するので、学問的な勉強を、不要視あるいは敵視している伝統だとてっきり思っていたのだが、安泰寺では逆に勉強が奨励されていたのには驚いた。私の師匠は「安泰寺の修行は、坐禅、作務、勉強が三本の柱になっている。どれか一つに偏らないことが大事だ。ここで一生懸命勉強しても、われわれには坐禅と作務があるから、頭でっかちになる心配はない。思う存分勉強しなさい」と言っていた。臨済宗で居士として坐禅をしていたころは「本なんか読むと理屈ばっかりこねるようになって、修行の邪魔になるから読むな。そんな暇があるのなら坐禅をしろ」と言われていた。研究者の卵として理屈をこねることを身上にして生きていたその頃の私にはじゅうぶん意味のある訓戒だったと思うが、安泰寺では理屈の通らない大自然に直接して生身のからだを動かして米や野菜を育て、日々の暮らしを紡ぎ出しているので、理屈ばっかりこねている余地などないのだった。知識を増やしたり論文を書くために本を読むのではなく、あくまでも修行を誤りなく進めていくための指針として読むのだ。経典や聖典に教えられて、知性をフルに使って修行の方向性や深い意味合いを理解し、思惟し、それを実際に修するという聞・思・修のプロセスがそこにはあった。道元禅師は「仏道をならふといふは、自己をならふなり」と言う。私が仏教を対象的に学ぶのではなく、仏教で私を主体的に学んでいくということだろう。もともとは哲学をやろうとして大学に入った私であったから、知的な営為を一方的に否定されない道場であったことは、ありがたかった。

四　坐禅への脚注としての宗学

道元禅師は「道得《どうとく》（言い得るの意）」という表現によって、言辞相寂滅の真実界を敢えて言語化しようとする努力の重要性を説いている。真摯な言語化の努力があってこそ、その彼方に言語を超えたリアルな世界が感得されるからだ。ゴータマ・ブッダが、梵天の勧請を受け入れて、一時は躊躇逡巡した説法に立ち上がったというエピソードはわれわれの手本でなければならない。澤木興道老師は「一切経は坐禅の脚注である」という言葉を残している。言葉では絶対に言えない、思いでは絶対に思えないことを実地にやる坐禅があくまでも本文で、それを正確に細やかに読み取る（＝実践する）ために、脚注としての一切経があるということだ。この本文と脚注の関係をわきまえた上で、われわれ仏教修行者は時代に即応した脚注をどんどん創造していくことを要請されている。内山老師は「たとえひとクワでもいいから、より掘り下げた表現を」と言っていた。仏教の文献学的研究者は過去の脚注を研究するが、禅の参究者は未来に向かって新たな脚注を創造していく。そのためにこそ、先人の脚注から学んでいくのだ。師匠からは「仏典とか論書を読んでいてわからなくなったら、自分の坐禅に立ち帰ってみればいい。その坐禅について書いてあるのが仏典や論書なのだから、答はすでに坐禅の中にある」と言われていた。仏教で言われていることのすべては坐禅の中に見つけることができるということだ。こうして、坐禅（実践という本文）と勉強（脚注の学び）がセットになった行学円満の学道のありかたを学んできた。曹洞宗の宗学というのはこの坐禅への真摯な脚注づくりの作業だと私は考えている。そこには学としての客観性だけではなく、坐禅への主体的信仰が内面化されていなければ宗学とは呼べないのではないだろうか。

安泰寺は普通の檀家寺とは違い、もともとは大正十年に丘宗潭《おかそうたん》により曹洞宗の宗学研究の学堂として、京都洛北の玄琢《げんたく》に開創された学林だった。内山老師の頃からは、坐禅修行の道場という性格が強くなり、さらにその方向に向かって充実させていくために、私の師匠の代になって京都から但馬の山中に移転したのである。かつての安泰寺からは多くの学匠が輩出し、歴代の住職であった、丘宗潭、岸沢惟安《きしざわいあん》、衛藤即應《えとうそくおう》ら宗学者の活躍によって、近代の曹洞宗の伝統宗学の継承発展の一翼を担ってきた。そういう歴史をもつ寺であったから、安泰寺の図書室はかなり充実していて、勉学のための参考資料には事欠かなかった。

安泰寺で仏教を学問的に学び始めて、遅まきながら、宗乗と余乗という区別があることを知った。曹洞宗では、道元禅師と瑩山禅師の教えを参究するのが宗乗で、それ以外の仏教の研究を余乗と呼んで区別している。宗祖である道元禅師が、自分の教えを仏教の一支派としての「禅宗」とは呼ばず、「正伝の仏法」という言い方で読んでいる以上、宗乗と余乗がどのように連続あるいは接続しているのかを自分なりに見極めるのが大きな修学のテーマになった。

駒澤大学の総長をつとめた榑林皓堂《くればやしこうどう》は『道元禅の本流』の中で「伝統宗学とは、道元禅師に親しく接した直弟子である詮慧《せんね》の『聴書《ききがき》』と、詮慧の弟子の経豪《きょうごう》の『抄』を最高の注解となし、その解説を至上として仰ぐ一派である」と定義づけている。私が得度した安泰寺はこの伝統宗学の牙城と言ってもいいところだった。私が思想的にもっとも影響を受けたのは澤木興道老師、内山興正老師であるが、彼らが拠りどころとしていた源はこの伝統宗学にあった。

五　アメリカでの経験

安泰寺で六年間修行する間に、内山老師からいただいたリストにあがっていた仏教書を一通り読み終わり、合わせて道元禅師の諸著作にも目を通して、基本的な仏教学と宗学の理解ができつつあったころ、師匠から「お前の先輩たちがアメリカに立てた禅堂があるから、そこへ行って、アメリカの人たちと一緒に修行を続けろ」という指示を受けた。私は住職になるために僧侶になったのではなかったから、今自分が学んでいる曹洞禅がはたして文化の異なるアメリカにおいても通用するのか、有効性を持ち得るのかということを実地に試してみたいという思いもあって、渡米を決意した。道元禅師が坐禅を普勧（普く勧める）することを願として立てている以上、その門流に属する者としてはトライしないわけにはいかないはずだと思ったのである。

一九八七年の夏から、永住権を取得した曹洞宗の海外開教師（現在は「国際布教師」）としてアメリカ東海岸マサチューセッツ州の西のはずれにある林の中の坐禅堂に住み始めた。その辺りはアメリカの中でも、カリフォルニア州に並んで仏教への関心が非常に高い地域で、坐禅堂から車で一時間以内の圏内には南方系仏教、チベット系仏教、大乗仏教系の諸伝統に属する大小の仏教センターやグループが活発な活動を展開していた。私が住持をしていた禅堂は町外れの林の中にあった。宣伝も何もしていなかったが、口コミで日本からやって来たお坊さんがいるということを耳にしてか、そんなところにも熱心な仏教修行者がやって来るのだった。彼らの中には、坐禅、ヴィパッサナー瞑想、チベット系の瞑想といろいろ異なった仏教伝統の修行を渡り歩いてきている人もかなりいた。仏教に関して、そういう多元主義的（pluralistic）な状況の中にいたから、否が応でも自分が禅堂でやっていることの「旗色」を鮮明にする必要があった。

「ここでやっている坐禅は、ヴィパッサナー瞑想と似ているように思うが、どこが違うのか？」、「自分は今まで臨済宗系の坐禅をやって来たが、只管打坐では見性体験を問わないのか？」、「あなたは正しい坐相ということをひどく強調するが、それは何故なのか？　坐禅というのは心を無念無想状態に近づけていくことではないのか？」、……。日本にいるときには、一介の修行者として、黙々として自分のやるべきことをやっていればよかったのだが、アメリカに来てからは、日本では受けたことがないこういった質問に、母国語ではない英語で答えなければならないのである。ささやかであるとはいえ禅堂を構えてそこの住持をしている以上、自分でそのつもりはなくとも、日本の曹洞禅の代表者的な役割を果たすことが期待されていた。

内山老師から渡された仏教書リストを頼りにしながら、安泰寺で六年間勉強したのは、漢文、日本文の中国および日本の仏教書だった。アメリカに渡ってからは今度は英語で改めて仏教を学び直さざるを得なかった。そうやって学んだ範囲内ではあるが、通仏教に照らしてみたときの、曹洞禅の独自性、つまり宗乗と余乗の違いというものをそれなりには理解はしていた。たとえば、修行と証果を二つに見ない修証一如観、「一切衆生悉有仏性」を「一切衆生は悉く仏性を有す」

とは読まず「一切衆生は悉有なり、仏性なり」と読む仏性観、「無所得無所悟（得るところなし、悟るところなし）」、「不図作仏（作仏《さぶつ》を図《はか》らず　仏になろうとしないこと）」という態度を強調する坐禅観、習禅（禅定という特定の境地に到達することを目指す瞑想法に習熟すること）ではない坐禅を仏道の正門とする修行観、「威儀即仏法　作法是宗旨」という日常のあらゆる行為を仏行として行う日常生活観、といった日本曹洞宗独特の立場は日本の他の宗派にも、また他の仏教伝統にも見られないものだった。そういった曹洞禅のユニークさについて、くれぐれも誤解を招かないように（たとえば、他を劣あるいは誤として誹謗中傷し、自を優あるいは正として高みに置くような印象をもたれないように）正確に伝えていくことが要求されていた。そのためには、宗学を間違いなく理解し、通仏教との異同を明確にしていくだけではなく、なぜそのような特質が生まれてきたのか、その意義はどこにあるのか、曹洞禅という仏教の独自のあり方の存在意義を、他のあり方を貶めることなく説得力をもって説けなくてはならない。宗学を宗門の内部だけで云々するのならそのようなことは不要かもしれないが、アメリカでは否応なく直面せざるを得ない課題だった。内に閉じた宗学ではなく、外に開かれた宗学がこれからは求められているだろう。

私は仏教に豊かな多様性があることを肯定的に評価している。仏教はつい最近までアジアという限られた地域において、大乗仏教、テーラワーダ仏教、チベット仏教という大きく言えば三つの伝統がいわば棲み分け的な状況の中で、あまり交流することなく並存してきた。だから、他の伝統を視野に入れることなく「お山の大将俺一人」的なスタンスを保っていられた。しかし、現在のように、その三つを俯瞰して眺めることができるグローバルな時代になると、そうそう内に閉じこもって安閑としている訳にはいかない。とりわけ欧米では、ニューヨークやサンフランシスコのような大都市だと、三つの仏教伝統のセンターが近接してあったりする。これは仏教にとって、これまでになかったまったく新しい状況であることは間違いない。仏教史が新しいステージに入ったといってもいいかもしれない。現代の仏教はこういう前例のない状況に対してどう応答していくのだろうか？　これまでの仏教ではなく、これからの仏教が姿を現してくるのはもしかしたら仏教の伝統から言えば中心地に当たるアジアではなく辺境の地である欧米からである可能性もある。

六　新たな宗学の可能性

私自身を振りかえってみると、日本においては遭遇することが難しい他の仏教伝統の指導的僧侶や修行者たちにアメリカで出会い、交流することで大きな刺激を受けた。また、現代西洋の現実に即した新しい西洋仏教のあり方を構想している西洋人仏教者たちからも、いろいろなインプットをいただいたことが、現在の自分の仏教観、坐禅観に強く反映されていることを認めざるを得ない。日本にもどってきて、今度は日本語で禅を語り始めることになったが、最初の頃はかつては英語で話していたことを頭の中で日本語に翻訳しながら話しているような感じだった。また、一方的な講義形式ではなく、さまざまな身体的ワークを織り込んだ体験型ワークショップ的なプレゼンテーションの形を取ることが多かった。当然、伝統的な宗門の僧侶の語りとはスタイルもコンテンツも相当違っているので、違和感を持つ人もいたようだ。私としては、道元禅師の教えを私なりの表現で伝えようとしているのだが、「そんなことはお前だけの解釈で、宗学と一致していない」という批判を受けることもあった。

私は伝統宗学は伝統宗学として尊重することにやぶさかではないが、それだけが唯一の曹洞禅の解読の可能性ではないはずだ。現に、曹洞宗にはいわゆるの伝統宗学とともに、「各宗の宗学研究は従来のままでは学としての研究とはいえない」（『日本仏教学協会年報』、一九三〇年）との見地にたって近代的視点からの宗学研究の必要性を主張した衛藤即応博士（安泰寺第四世　一八八八〜一九五八）による近代宗学、「批判仏教」に基づいて一宗一派にこだわった、無批判的・主観的な伝統宗学を批判し、他方、文献や歴史にこだわり客観的で没価値的な仏教研究をも批判する批判宗学など多様な宗学が存在しているではないか。宗祖道元禅師が示したように、ゴータマ・ブッダの樹下の打坐から切れ目なく（「諸仏如来、共に妙法を単伝して」『弁道話』）、現在まで伝えられてきた自受用三昧、すなわち坐禅をさらに未来へとゆがめることなく伝えていく力をもつ新たな宗学が、現代という時代の中でそろそろ生まれてもいいのではないだろうか。いや、生まれなければならないのである。

これまでのところは、主に文献の側から宗学へのアプローチがなされてきたように思われる。

もちろんそのような作業が宗学の基盤として不可欠であることは認めた上で、行の側からアプローチしていく宗学研究の路線というのはあり得ないだろうか？　前に述べた、本文と脚注というメタファーを借りて言うなら、第二次、第三次の注をあれこれ詮索するのではなく、一度本文、つまり坐禅という行に帰ってみて、そこから第一次の最古注とも言うべき『正法眼蔵』をはじめとする道元禅師の著作を読み直してみるということだ。それは内山老師、そして私の師である渡部老師から学んだ宗学的態度でもある。

そろそろ紙面が尽きてきた。日頃は「宗学」というようなことを念頭におかずただ好奇心の赴くままに仏教を学んでいる私であるが、このたび廣澤隆之先生の古稀記念論文集刊行に寄せて、宗学に関して一文をしたためるよう依頼されたことをきっかけに、いささか胸に去来する思いを記してみた。はなはだまとまらないもので恐縮だが、このような機会を与えて頂いたことに感謝しつつ筆を置くことにしたい。

宗学再考にむけて

廣澤隆之

一　はじめに

何ごとのおわしますかは知らねどもかたじけなさに涙こぼるる

この歌が西行法師の作であるという信頼できる根拠はない。しかし西行法師に仮託され、日本人の宗教感情を的確に表出しているからこそ、人口に膾炙したのであろう。一般に「かたじけなさ」は目上の、崇高な存在に対して懐く感情である。この「かたじけなさ」を感じる者は自らの卑小な存在の位相に「はずかしさ」を思い（岩波古語辞典の語源説を参考）、崇高な存在との交わりに「ありがたさ」を実感する。

この歌は西行法師が伊勢神宮に参拝した折に読まれたと伝えられるが、まさしく伊勢神宮の杜全体の雰囲気、静謐で凛とした空気を感じる者には、理屈ぬきで共感できる。五十鈴川に沿って参道を歩む者は「かたじけなさ」を感じ、本殿では自然と頭を垂れる。そこでは神観念や崇高な存在の意義づけなどを「知らねども」、おのずから宗教感情が身体をつらぬくのである。

卑小な自分を顧みて、偉大な存在に対するときは身の縮む思いがし、畏れおおい感情が惹き起こされる。このような感情を言い当てる日本語は「かたじけなさ」だけでなくいくつもあるが「かしこし」という語は日本人の宗教感情として重視されてきた。『岩波古語辞典』によれば、この「かしこし」の語義を次のように解説している。

「海・山・坂・道・岩・風・雷など、あらゆる自然の事物に精霊を認め、それらの霊威に対して感じる、古代日本人の身も心もすくむような畏怖の気持をいうのが原義。転じて、畏敬すべき立場・能力をもった、人・生き物や一般の現象を形容する。」

この解説が妥当であるかどうかを検証する能力を私は持ち合わせていないがアニミズムの世界における非日常的な現象への感性的な対応を示すものと理解したい。そして、おそらく（私の勝手な推測かもしれないが）、この古語辞典の解説は本居宣長の『古事記伝』を参照するか、あるいは強く意識していると思われる。本居宣長は次のように述べている。

「さて凡て迦微（カミ）とは古御典等（イニシヘノミフミドモ）に見えたる天地の諸（モロモロ）の神たちを始めて、其（ソ）を祀（マツ）れる社に坐ス御霊（ミタマ）をも申し、又人はさらにも云ず、鳥獣（トリケモノ）木草のたぐひ海山など、其餘（ソノホカ）何（ナニ）にまれ、尋常（ヨノツネ）ならずすぐれたる徳（コト）のありて、可畏（カシコ）き物を迦微（カミ）とは云なり。

【すぐれたるとは、尊（タット）きこと、善（ヨ）きこと、功（イサヲ）しきことなどの、優（スグ）れたるのみを云に非ず。悪（アシ）きもの、奇（アヤ）しきものなども、よにすぐれて可畏（カシコ）きをば神と云なり。……中略（天皇をはじめ多くのカミ観念を列挙）……又磐根木株艸葉（イハネコノタチカヤノカキバ）のよく言語（モノイヒ）したぐひなども、皆神なり。さて海山などを神と云ることも多し。そは其の御霊（ミタマ）の神を云に非ずて、直（タダ）に其の海をも山をもさして云り。此（コレ）らもいとかしこき物なるがゆゑなり】」（『古事記伝』（一）、岩波文庫、一九四二年、一七二―一七三頁）

ここで宣長が云うのは霊的な存在に限らず（御霊の神を云に非ず）非日常的（尋常ならず）で、しかも圧倒的な力をもっているもの（すぐれたる徳のありて可畏き物）をカミ（迦微＝神）と定義づけている。「直に其の海をも山をも」非日常的な可畏しと受けとめるのはその景観に接する者の感情である。したがって自然の景観が見る者を圧倒する感情はアニミズムの世界観では霊威を感じることになる。宣長の云うように宗教的価値と無関係な自然界の事物への感情として「可畏し」を認めるというよりも、カミへの感情は基本的に宗教感情であるといえる。

このような宗教感情は日本の文化を形成する核になっていると思われる。そして日本で展開した仏教も、この感情で受けとめられた超越的実在との霊的交感である体験を言説化したのではないであろうか。このような視点から日本仏教あるいは各宗派の教理学の核心を見直すことはできないであろうか。

二　言説に先行する宗教感情や体験

先に述べた可畏しという感情は、宣長が列挙する事例を参照すれば畏怖や身震いするような心的状況、地震や雷や台風などの超越的力に圧倒される感情など、これらがカミの存在と結びつけられて惹き起こされるところに私は宗教の原型を認める。そして、このような感情は宗教の原型としてR・オットーが『聖なるもの』で示したヌミノーゼに近い。

ただしオットーは、その宗教感情の典拠の多くを『旧約聖書』などに求め、キリスト教に完成態を求める宗教の意味づけをしている。そのために感情とキリスト教的な思弁がもたらす観念の区分が明確ではない。しかも彼は二十世紀初頭の宗教学の進化論的傾向を脱け出ておらず、キリスト教を頂点とする「宗教の歴史的な成立と発展」という視点を持ちつづけている。したがってここで本居宣長にもとづいて日本人の宗教感情として注目したものはオットーにとっては宗教という「家の前庭（Vorhof）」と見なされ、宗教の中に深く入り込んで作用し続けるが、宗教の前段階とされる。

このようなオットーの視点は批判されるべきであろうが、しかし宗教感情を、それをどのように類型化するかは別として、宗教の原型として求めたことは評価すべきである。

彼は宗教の原型を、カント哲学の「純粋」に近づけた理解を試みている。オットーはカント哲学における認識や経験に関係するア・プリオリという観念を心理学的に解釈したフリースの影響も受け、経験に先行するア・プリオリなカテゴリーとして聖なるものをとらえようとする。そしてア・プリオリにそなわる宗教的素質（Anlage）、すなわち自然的事物を見ると経験によってではなく内発的に発動する感情を聖なるものの非合理的な要素とする。ちなみに彼のいう「聖なるもの」とは合理的要素と非合理的要素が合成された「純粋にア・プリオリなカテゴリー」なのである。（以上、Das Heilige『聖なるもの』第十六・十七章より、華園聰麿訳、創元社、邦訳はいくつかあるが、それぞれドイツ語版の相違もあり異なる箇所が多い）

さて、このように宗教感情を原型とするオットーの宗教理解は私たちが仏教学で慣れ親しんでいる文献史学的解釈とは位相が異なることに注目したい。問題を単純化すれば、他者的存在に対する身体感覚が優先し、その「得も言えない」感覚を言語化することで他者と自己の関係が認知され、そこに聖なるものが顕現するという宗教体験を基本に宗教理解をするという視点を私たちの慣れ親しんだ仏教学の内部に、しかも宗派の教理解釈の方法論として導入する可能性を問うことになる。神学者のオットーが広く宗教現象を考察しつつ新たな視点を導き出したように。

このことを念頭に、ヌミノーゼ感情を宗教の原型のうちに探ろうとしたオットーが神秘主義への関心を深めたことにも注目しておきたい。確かに神秘主義は人類の歴史において多様に現れ出ている。しかしその多様性は言語化あるいは造形化された表現において多様なのであり、宗教感情をともなう神秘主義的体験は文化的制約を超えたものと考えられる。すなわちオットーのいう

「ア・プリオリなカテゴリー」である「宗教的素質」から内発的にあるいは衝動的に現れ出るのである。

オットーは東西の神秘主義者の代表としてマイスター・エックハルトとシャンカラを取りあげ、比較した。この時代も場所も文化的背景も民族もまったく異なる二人の傑出した人物が神秘主義者として比較可能であることをオットーは次のように述べている。

「神秘主義においてこそ実は人間の魂の強力な根本動機が作用しており、しかもそれ自体は気候や地理上の位置あるいは民族の相違には全く影響されず、それが一致している点で人間の精神および経験の在り方の実に驚くべき内的親縁性を示している」（オットー『西と東の神秘主義』、華園・日野・ハイジック訳、人文書院、一九九三年、一八頁）

もちろん彼らの神秘思想、ひいては哲学は異なる表現となっているが、それは「自らの神秘主義の内容を磨きをかけられたスコラ学を用いて再現しようとする」のであるから、その「スコラ学」がウパニシャッドやバガヴァット・ギーターに関するものとキリスト教の聖書の釈義である場合には、自ずから思想の構成が異なるが、ここで問題となるのはそのような概念化のプロセスを形成する「魂の強力な根本動機」へと視点を向けて神秘主義を理解することである。そして神秘主義はその内実を言語化する以前、オットーのいう「ア・プリオリ」なカテゴリーにおいては地理的・文化的・歴史的背景には影響されないと考えられている。

そしてまた基本的には同じような視点から神秘主義の本質を理解しようとする画期的な研究は

井筒俊彦によってなされた。彼はイスラームの神秘主義への関心を敷衍し、広く東洋世界に確固とした思想として結実した神秘主義を包括し、そこに共時的な精神の構造を読み解こうとする。ただし彼が云う「東洋世界」は地理的にイスラーム・インド思想・老荘思想および本居宣長などの日本思想のみならず、ギリシア哲学のプロチノスの思想系譜も含まれると思われる。そして彼はその思想理解のために神秘主義という宗教的類型化を求めず、それを存在の直接的な把握として哲学の圏内でとらえようとする。

彼はハイデガーや彼の影響下にある限りのサルトルの現象学的存在把握を前提とする（井筒がハイデガーの下で学び、フランスで活躍したイスラーム研究家コルバンときわめて親密な関係にあることを東洋大学大学院生のバフマン氏から教示された）。そして注意しなければならないのは、彼が経験を「意識」としてとらえ、そこに言語が介在し、事象を「〜の意識」として把握する人間の普遍的な精神の営みから出発し、その意識という経験に先行する本質把握を東洋の精神の構造として取り出そうとするのである（「意識の経験の学」を現象学ととらえる視点はすでにヘーゲルの『精神現象学』の基本的立場であるが、ヘーゲルの思想史的テーマは井筒の視野には入っていない）。

この意識という経験に先行するあり方を井筒はオットーのように宗教感情とはとらえない。認識主体として事物に向かうサルトルの云う「意識の本源的脱自性」において、事物が何であるかを言語で指示する（井筒が云う「意味作用」「分節作用」）ことに先行する存在の直接把握のあり方を東洋の諸思想において確認するのである。

オットーのように二十世紀前半の時代の思想家ならカントに倣って「ア・プリオリ」という概念でとらえるところを井筒はハイデガーの現象学に倣って意識の脱自的志向性ととらえる。しかしいずれにせよ両者に共通しているのは言語体系を基礎とする文化的・歴史的背景を超えた精神的境位を宗教の原型としてとらえようとするのである。

それゆえ井筒は彼が求める東洋思想を「その伝統にまつわる複雑な歴史的聯関から切り離して、共時的思考の次元に移し、そこで新しく構造化しなおしてみたい」（『意識と本質』、岩波文庫、一九九一年、七頁）という視点を確保する。このような宗教思想の理解の明解な方法論的視点の設定を私たちはどのように評価すべきなのであろうか。それは思想の「歴史的聯関」を徹底的に文献学的手法で解明する一般の仏教学の引力圏から離れた、宗教体験を内的に論理化する宗学が可能か、という基本的な問いとなるはずである。

それゆえ、ここで井筒の東洋思想、あるいは神秘主義理解への方法を検証することは控え、井筒の画期的な方法に組み込まれた「歴史的聯関から切り離して」宗教のあり方を問うことの意義を考えたい。それは私たちが慣れ親しんできた文献史学的解釈への反省を迫る方法論的問いとして有効であるか否かを探ることになる。

三　文化的・歴史的位相を離れた宗教体験

そこで私たちが確認しておかなければならないことがある。先述した本居宣長の系譜が、後に日本的なるものをイデオローギッシュに解釈し（宣長自身にもイデオローギッシュな傾向があるが）、それを基軸に日本文化を再構成する試みは近世〜近代において政治や文化の歴史において止まることのない潮流を形成してきた。たとえば平田篤胤の思想系譜がそうであり、それは明治期以降も近代政治史の内部に確実に存続してきた。またそのような思想潮流は文化的営為の中にも投影され、日本的なるものを美化するイデオローギッシュな傾向はあった。日本浪漫主義が国粋主義的に「日本回帰」をした例もある。このように井筒やオットーの求めるように「歴史的聯関から切り離して」、「純粋」にある精神的原型を想定し、その原型の時間的・空間的な現象として歴史を理解する立場はイデオローギッシュになりがちである。このことを念頭におきつつも、「歴史的聯関」に組み込まれた位相にある宗教史理解を問いただしたい。

宗教理解のために「歴史的聯関」を基軸にする立場がいかなる意義をもつのかという問いを発する際に、和辻哲郎の記述を参考にしたい。彼は「沙門道元」（『日本精神史研究』所収、全集第四巻、岩波書店、一九六二年）で伝統教団、さらには伝統教団内における教理の知的理解への厳しい批判を徹底する。その批判は当然ながら曹洞宗内部に大きな波紋を生みだし、議論を巻き起こしたが、ここでは彼の伝統への侮蔑的態度を正面から取りあげることは控えよう。

付言するなら、彼は釈尊の教説を解釈するアビダルマの教理解釈さえも伝統的権威にもとづく曲解とみなし、伝統から解放された文献史的解明を打ち出すように、伝統に対する忌避感情があるように思われる。それは伝統が自由な哲学的解釈と相容れないからである。仏教内には西洋のように伝統的な神学から解放された自由な哲学が樹立していないことを彼は嘆くのである。私は彼のように仏教を哲学の問題に解体した近代の思惟こそ批判されるべきであると思う。

そもそも教団は伝承の正統性を確保する権威を必要とし、宗学はその個人の自由な哲学的思索を基盤にするものではない。自己を放棄する過程での体験が重視される場合には絶対的権威の臨在が必要なのである。たとえば道元禅師は釈尊を正統に継承すると確信した如浄禅師に倣うことで体験を深めたのであり、それは徹底した「自己を忘れる」脱自性と「万法に証せらるる」という超越的な力を受けとめる体験として言語化されている。和辻のいうような西洋の自由な思惟から生み出される哲学と同一であるとはいえない。

さて、和辻は歴史的に検証しうる客観的な立場を堅持し、文化史的な研究の立場を鮮明にする。たとえばその方法論は『原始仏教の実践哲学』の前半部に詳細に述べられているとおりである。それはすなわち井筒が方法論的に切り離そうとした「歴史的聯関」を理解の基本に据えるという態度である。究極の「真理」の実在を信じて疑わない者にとって、伝統教団に伝承され、しかもそれに依拠する「真理」探究の方法を放棄し、伝統教団を離れた文化史的理解では「真理」からほど遠いのではないのかという疑問を想定し、それに答えている（このような問いの立て方自体が自家撞着に思えるのだが）。

そして和辻は云う。

「既成の宗教をすべて特殊な形と見、その宗教の内に歴史的開展を認めることは、畢竟宗教を歴史的に取り扱うことである。我々はこの態度のゆえにいずれかの一つの宗教に帰依することはできぬ。」（全集第四巻、一六五頁）

和辻の所論に同意はできないが、ここには歴史研究の際に当然ながら心得ておくべき態度が見られる。和辻はある特定の宗教を「歴史的に取り扱う」がゆえに、そこには「帰依」が成り立たないというのである。

このことを和辻から離れて論じるならば、歴史は特定の事象を時間的経緯において相対化することであり、その相対化された事象において絶対的価値は確保できないのである。私たちが特定の宗派の教理を歴史的に相対化するならば、そこには体験的に絶対として受けとめられる価値を見いだすことはできない。それゆえに和辻がいうように事象を「歴史的に取り扱う」仏教学において既成の価値的権威をもつ教理学をそなえた教団とその教えに帰依できなくなるはずである。

このように考えると、絶対的価値を信じ、帰依することを前提にするはずの立場でありながら、ほとんどが歴史研究として成立する現今の仏教学の圏内での宗学の成立を認めることははたして妥当なのであろうか、と思う。文献史学的な多くの宗派の教理史研究として成り立っている現在の宗学は自らが依って立つべき宗教的権威を相対化し、自らの立場を切り崩しているという危機意識はないのであろうか。

私はかつて和辻の仏教研究はその出発点から仏教への誤解にもとづいており、恣意的に仏教思想史を想定していることを批判的に論じた（『比較思想研究』第三九号、二〇一二年）ので、ここでは和辻の実際の仏教理解のありかたへの言及は控える。しかしここで問題にしたいのは仏教理解における歴史観の導入、あるいは歴史研究を基軸にすることの妥当性である。そして私の立場とは逆でありながらも、和辻は的確に歴史研究は絶対的な価値を導けないと自覚していたことは評価すべきであろう。

和辻が求めるのは歴史的に現象した「特殊な形」の宗教には特殊な形で真理が現れているのであるから、それぞれの個別の宗教には限定的に現れるにすぎない「真理」を宗教思想の歴史研究を通じて「慕い行く」というのである。そのためには原始仏教にも、原始キリスト教にも「真理」が潜んでいるのであるから、「人類の歴史のうちに真理への道を探ろうとする」という文化史的視点が確保されるというのである。かれはこの探究にあっては絶対的真理を憧れるのみであると云う。これは歴史主義とロマン主義の不健全な融合であると私は思う。

ここでは彼が（そして仏教研究における彼のエピゴーネンたちが）好む「真理」という概念がきわめて面倒な役割をしている。絶対的真理は歴史事象を通じて現象するのであり、我々はその歴史研究を通じて「真理」を獲得する知的方法が文化史研究として成り立つというのである。ここには歴史研究の中にプラトン的世界を持ち込んでいるように思える。「真理」を外的な実在として想定し、それを憧れ、それを探究するというのは近代における学問研究の素朴な衝動なのであろうか。

四　体験の内省

さて和辻よりも宗教を歴史との関連で内省的にとらえようとした西田幾多郎の思想を参考にしてみたい。西田はすでに初期の段階から参禅体験を基礎に西洋哲学に対峙する仏教のあり方を探究し、その解明に徹した思想を展開している。彼が『善の研究』で提示した純粋経験はウイリアム・ジェイムスの心理学に引かれているが、それは井筒がいう存在の直接把握のあり方、すなわち分節的に言語把握される以前の体験とみなしたものと等置できる。西田はそれを主客未分といい、西洋近代の認識論の主観―客観という基本的な枠組みを超える境位として、そこを起点に西洋哲学を超える世界をめざした。

この西田の出発点となる宗教体験が言語表現を超えた、それゆえに歴史・文化背景を取り払ったものであるかぎり、それ自体は井筒のいう「歴史的聯関」から切り離されているといえる。すなわち西田は和辻のように宗教に関する歴史研究を出発点にしたのではなく、それとは逆に歴史から切り離された心的状況を歴史に位置づけるという試みをしている。

西田にとって宗教に欠くべからざる観念は神であるという。そしてその神は、和辻が憧れて探求するように外在的に実在する真理ではなく、「心霊上の事実として現れる」のである。すなわち西田は宗教の原型を徹底的に自己の内面の体験的事実に求めるのである。そしてその体験的事実は言語的にも身体的にも外的に表現され、特定の宗教として成立する。このように西田は自己の意識の深層に迫りつつ、その意識の表現としての働きを射程に入れる。この歴史観では歴史が実証的に記述される客観的学問としての意義を失うが、彼によればそのような知的関心は西洋思想に特徴的な「対象論理の立場」であるとして自己の立場と明確に区別する。それゆえ彼は次のように述べる。

「それでは宗教的意識、宗教心とは、如何なるものであるか。此の問題は主観的に又客観的に深く究明すべきであらう。併し私は今かゝる研究に入らうとするのではない。唯、私は対象論理の立場に於ては、宗教的事実を論ずることはできないのみならず、宗教的問題すら出て来ないと考へるのである」(「場所的論理と宗教的世界観」、全集第一一巻、岩波書店、一九四九年、三七三―三七四頁)

ここで一般に学問研究に必須な論理的思考を対象論理とし、この論理を反省し、自己の働きのヘーゲル的意味での矛盾を論理化する場所的論理を提示するのである。そして自己の内に原初的(時間成立以前の)体験的事実が時間と空間のうちに表現されて歴史が形成されると考える。それを矛盾を含んだ自己の精神的運動の場の論理ととらえるのである。このような問題設定は、ヘーゲルの『精神現象学』を強く意識していると思える。というのもヘーゲルは意識の経験の総体が世界歴史として展開するとしたのであり、思想の類似していることは否めない。しかしミネルバの梟のように過去を眺めるヘーゲルはその歴史を俯瞰する高見に自分を位置づけている。その対象論理のあり方に対峙しつつ、それを乗り超えようとしたのが西田の場所的論理であり、そこから導かれる宗教の探究である。

そのような西田の一貫した態度は内的体験を論理の場に導くために体験を言説化し、その体験を言説にもたらすダイナミズムを場所的論理とすることである。歴史はこのような場所的論理において発現する。

このような西田の態度は決定的に体験を基点とし、それが自己表現として時間的位相に現れた歴史を解釈することになる。このような体験を優先的に（カント的にいうなら超越論的に、そしてオットーのいう宗教的素質にそなわるア・プリオリとして）とらえ、そこから言説化・論理化された宗教思想を理解しようとする態度こそ、宗学を再考するには必須な作業であろう。

しかしこのような宗教感情や内的体験を優先する方法はすでに仏教思想史研究で批判的に論じられた。その代表的な論考は松本史朗氏の諸論文に見られる。彼は超基体である「単一の実在（dhātu,ātman）から派生した現象として世界を把握する思想的態度を非仏教的であるとしてきびしく断罪する。なぜなら現象世界の相互の時間的・歴史的因果関係が「単一の実在」に還元されてしまい、現象間相互の因果関係をもたず、それゆえ一切法の縁起が成り立たないのであり、彼が仏教の核心ととらえる縁起説と相容れないからである。

この松本氏の所論でいうなら、ここで論じてきた本居宣長、R・オットー、井筒、西田の立場はまさしく仏教的に容認できないことになる。それゆえこれらを参照しつつ宗学を再考することは松本氏にとっては否定されねばならない。

興味深いことに松本氏は如来蔵思想や瑜伽行派の思想を徹底的に検証した後に、さらにそれらと近似的な華厳思想も論じる。そして華厳思想の眼目である法界縁起には「時間というものが全く欠落している」と的確に述べる（松本史朗『仏教思想論』上、大蔵出版、二〇〇四年、四四頁）。まさしく宗教感情や内的体験は非時間的である。しかし非時間的・非歴史的な「永遠の今」を生きるという実感は深い宗教体験といえる。まさしく非時間的根拠が存在を規定すると考えられる。それゆえ西田の最晩年の論文「場所的論理と宗教的世界観」は西田が自覚していたとは思えないが著しく華厳思想に近づいているといえる。西田と華厳思想の親近性については松本氏も指摘している（古くは鈴木大拙が指摘している）。西田がいう「場所」という基体、それは「心霊上の事実」なのであり、その基体の上に歴史的世界が展開しているのであるから、これこそ松本氏のいう dhātuvāda にほかならない。

松本氏は真剣に「何故に〝仏教〟は宗教的時間を喪失したのであろうか」と問い、「絶対他者」を認めない釈尊の説く縁起説のニヒリズムに耐えられなかったからであると考える。そしてニヒリズムに耐えられない者が超越的な「他者」に救いを求めるのみならず、「他者」を内在化し、「自己」という基体を肯定する内在主義に落ちていくのである。かくして仏教思想史というものは、実に楽天的で現実肯定的な、危機意識を欠いたいい加減なものとなった。わずかに突出した思想家だけが、自己や同一性を否定して、厳しい宗教性を獲得しえたが、他の大半の人々は、自己を肯定し現実に流されたのである。」（同書、四五頁）という。

　松本氏は西田の先述の論文を念頭においてこのような厳しい批判をする。そして華厳思想や西田に見られるdhātuvādaこそ戦前の国体護持思想に迎合した「内在主義の無批判性（現実肯定）」（同書、五二頁）と見るのである。だが松本史朗氏の如来蔵思想批判の端緒となった部落差別問題にしろ、戦前の国家主義的風潮を否定するという政治・社会思想史的評価と仏教理解を並行させるという方法論的視点は批判的に吟味すべきであろう。松本氏がいうように、たしかに「内在主義」は社会への無批判、現実肯定を結果的に引きおこしやすいが、そもそも「心霊上の事実」である体験は「歴史的聯関」から切り離され、社会への無関心を招く心性があることを念頭におくべきである。そして社会から距離を置き、社会的正義を第一義としない態度が仏教修行者には実践的に要請されているのである。社会思想はこの「歴史的聯関」から切り離された体験的事実から直接的に演繹されるものではない。仏教が社会思想的言説を表現するのは社会思想史的文脈の背景をもつものであり、ここでの主題からは離れた問題となる。

　ところが松本氏は体験にもとづく言説を忌避し、あくまでも言語化された仏教思想を問うのである。しかし私はそれとは逆に体験あるいは宗教感情を先行する事態として把握し、その言語表現が思想として結実しているという理解の視点を確保しようとするのである。

　そのことを簡単にインド仏教史のいくつかの思想的表現を通じて確認しておきたい。松本氏に限らず多くの研究者が重視する『律蔵』大品の冒頭部にはブッダとなった釈尊が十二縁起を内観する場面が描かれる。そこで注目したいのは菩提樹下での究極の体験の後に十二縁起を観察するのであるが、その体験と内省的観察とは時間的にずれがある。大品によれば究極体験を成就したブッダが「それから atha kho」十二縁起の観察に至り、内的に体験を言語化するのである。大品でいう「それから」というのは他の経典では二週間であったりするが、ともあれ体験と内省との時間的な懸隔が「それから」という簡単な表現に含意されており、体験が言説化に先行するという当たり前の状況を記述していると理解すべきである。

このように言語化に先行する体験の実在は龍樹の記述にも認められる。『中論』第二十四章第十偈でいう「諸仏は二諦にもとづいて衆生の為に法を説く」という場合の勝義諦こそ究極のリアルな体験的事実である（「諦 satya」は断じて「真理」ではない）。その体験と世間に通用する言語表現の世界（世俗諦）にもとづいて仏陀の説法があるというのであり、勝義諦と世俗諦の並列は体験とその言語化の緊張関係をいうのである。そしてその言語に先行する体験的事実は『瑜伽論』菩薩地の真実義品では「離言の自性 anabhilāpyasvabhāva」と表現される。この「離言の自性」こそ後の大乗仏教の教理学がその当体をさまざまに言説化している体験的事実である。

このように仏教思想史の教理学の核は体験とその言語表現の緊張によって作られている。まさしくオットーのいう「合理と非合理の複合体」が認められるのである。私の試みはこの教理学成立の根拠にもとづいて、さらに日本仏教の展開を視野に入れ、そこに宗学の可能性を探ろうとするものである。

五　まとめにかえて——思いつくままに

そこで乱暴な試みかもしれないが、私は日本の風土や自然景観が生み出す宗教的風土・土壌に根づいた宗教感情を仏教的言説による合理化と見なすことを軸に日本仏教の展開を理解する可能性を求めてみたい。

仏教はアジアではきわめて高度な世界観と思想的言語をそなえている。その仏教によってカミと出会う宗教感情や内的体験を言説化し、合理的な説明をする歴史的展開を日本仏教の軸として認めることで、狭い宗内の思想言語の圏内に閉じ込められた宗学をそこから解放することは可能かどうかの試みが求められるであろう。

奈良時代の仏教は都市型仏教として南都六宗を形成したが、他方で当時の学僧たちも山に入り、自然の景物と対面しながら陀羅尼を唱えたりして験を得ることに専念した。その典型は自然智の獲得にも見られる。そして古代的アニミズム的世界観と適応する雑密といわれる呪術的心性は仏教界に蔓延し、南都六宗の教理学とはかけ離れた祈りと修法儀礼が展開した。法相宗や倶舎宗を学ぶ寺院の本尊が薬師如来であること、そして東大寺の修二会は十一面観音悔過であり、その儀礼は呪術的要素に満ちている。それは華厳教学や三論宗から導かれるものではない。

平安時代の天台・真言宗は多分に呪術的な心性における内的体験を重視する。そこには古代のカミへの宗教感情も濃厚に見られ、また道教などとの習合も顕著である。それは西洋合理主義の中で見出された理神論に特徴的な「哲学者の宗教」としての仏教思想の言説だけでは宗派の教理学は成り立たないことを示している。そしてこのような傾向はいわゆる鎌倉仏教においても底流に流れ続けている。

私はひそかに一遍上人の体験と祈りの言説に注目している。一遍上人はいうまでもなく熊野権現において神秘体験をし賦算の確信を得る。その賦算は信不信を選ばず、誰にでも与えられる。それはいわば呪符の如きものである。そして浄土信仰に専注する一遍はその宗教的確信を堅固にするために高野山に登り空海の廟の前で祈り、四天王寺に参り聖徳太子に祈る。そして遊行で留まる場所は神社であったりする。選択の思想の系譜にありつつ、その選択からの逸脱とも思える行動の軌跡を示す一遍上人には、ある意味で日本仏教の典型を見ることができる。そして選択の思想を前面に打ち出す宗派の教理学はその信仰の実態と一致していないどころか、信仰の実態はまさしく日本的宗教風土を色濃く反映している。

私たちは宗学を従来の伝統的な教理学の文字面の表現に留意しつつも、その言説化の背景までも視野に入れ、体験と言語表現の緊張を自己の内に問う宗学を準備する必要があるのではなかろうか。

私がいう体験は西田や井筒が確認しようとした深い神秘体験である必要はない。ルーティンとなった祈りの儀礼を日々くり返す中での宗教感情を深く見つめなおすことから出発できる。真言陀羅尼を唱えることも、念仏や唱題に専念することも、あるいは禅に専注することもルーティンとなりがちである。そのルーティンであっても暗い堂内の燈明が醸し出す雰囲気の中で崇高な実在を感覚的に受けとめることを可能にする。

私たちは宗派の中で権威ある指導者に従ってそれぞれに体験をする。その体験に意識を集中させれば、そこに私は井筒のいう「意識のゼロポイント」に行き着く「心霊上の事実」（西田）を認めることができる。その言説化として宗派の教理学を解釈することが基本になるであろう。そして言説化の体験的事実から解釈することこそ、文献史学的解釈に優先する宗学の位置づけになることを望む。自らの体験を基盤にすることなく、仏教文献学史的方法を無自覚に宗学に導き入れた伝統教団のあり方を批判的に検証すべきであろう。

編集後記

「若手の研究者たちで宗学を議論してもらったらどうか」――本書はまさに廣澤隆之先生のこのような発想から始まった。

各宗派の若い研究者や教員が一同に会し、批判的に宗学を議論するというのは、ほぼ未知の試みであり、廣澤先生の古稀記念事業にふさわしい挑戦であった。そこで智山勧学会理事の元山公寿先生とともに「宗学を問い直す」研究会を発足し、大正大学非常勤講師の三浦周先生にファシリテーターとして加わっていただいた。最初の難関は研究会メンバーの選定である。みずから所属する宗派の学問を批判的に議論できる、そのような若手研究者がはたして見つかるだろうか……不安とは裏腹に、先生方には非常に関心をもって快諾をいただいた。本書第一部に寄稿くださった先生方は、こうした意味で非常に希有な人材である。

初回の研究会（二〇一六年十二月）では、「宗学に関するコンセンサスの構築と問題提起」と題して各自発表を行った。しかし意外にもコンセンサスの時点で議論が停滞してしまった。天台宗・真言宗・浄土宗は、「宗学」を概して宗派で伝統的に学ばれてきた学問とし、現在の大正大学でも履修する科目と定めている。しかし日蓮宗では「宗学」を個々が祖師をたずねる学問的な営みと見なし、立正大学では日蓮系教団全体の教理学として「教学」を学ぶ。また浄土真宗大谷派は「宗学」を過去の学問と位置づけ、近代以降に提唱された人格の陶冶をもっぱら「真宗学」と呼び、それが現在も大谷大学で学ばれている。このように、「宗学」の定義は一様でない。そのため、「宗学」の定義を大きく宗派で学ぶ学問と捉えて進めることとなった。第二回の研究会（二〇一七年三月）では「宗学におけるデジタル・ヒューマニティーズ」をテーマとした。祖師や宗派の文献がデジタルで公開される今日、宗派の伝統的な学びはこれをどう捉えていくべきかを議論した。シンポジウム「宗学を問い直す」（二〇一七年五月）では、三浦先生を司会とし、これまで議論した内容を踏まえつつ、今後の宗学のあり方について討論を行った。

以上の研究会でとくに話題となったのは、デジタル・ヒューマニティーズの捉え方、宗教的実践と学問を統合するこれからの宗学についてである。そこで、以上のテーマについて、研究会メンバーとは別に、東京大学の下田正弘先生、曹洞宗の藤田一照先生、及び廣澤先生にも寄稿していただくこととなった。

インド仏教学を牽引する下田先生には、仏教文献のデジタル化とこれからの文献との向き合い方を中心に、宗学の外部からその意義を論じていただいた。一方、宗学の実践者ともいえる藤田先生にはご自身の体験を交えて宗学を語っていただき、廣澤先生には、宗教感情に基づく教理学解釈こそ宗学再考の鍵となることを提言していただいた。

さて本書を刊行するにあたり、書名を『日本仏教を問う』と改めた。「宗学」は一般に馴染みの薄い言葉であるうえに、前述のように宗派間でも異なったニュアンスを持つが、「日本仏教」であれば、仏教の教理と体験の両方を議論することができる。そして何より「日本の仏教」は私たち日本人の文化や社会に溶け込んだ生活様式の一つといえるが、「日本仏教」という響きには、インド仏教には見られない宗派仏教という要素を多分に含む。すなわち、私たちがこの書名で意図しているのは、「日本仏教」を支える僧侶の学びを問い直すことなのである。

このような大きなタイトルを掲げてはいるが、具体的にこれから宗学をどうしていきたいのか確固たる解答は用意していない。本書第一部で執筆いただいた先生方は、いま現実に、宗学の研究者であり、それを教える教育者である。宗祖の言説を自分のなかで咀嚼し、身体的に向き合うという経験を通してそれを再言語化するという葛藤を日々行っている。この先生方のそれぞれの論考のなかに宗学のこれからの姿が表されていることだろう。読者の皆さまには、既存の枠組みのなかに安穏としてある、いわゆる宗学ではなく、日本仏教を支える学びのあり方について、いま何が問われているのかを読みとっていただければ幸いである。

最後に、あらためて本書のために発表や執筆にご尽力いただいた八名の研究会メンバーに厚く御礼申し上げる。また研究会の趣旨に賛同していただき論考を寄稿してくださった先生方にも心より御礼申し上げたい。さらに編集に際して、多くのご助言と丁寧なご対応をくださった春秋社編集部の佐藤清靖氏、豊嶋悠吾氏に心より感謝申し上げたい。

二〇一八年八月末日

智山勧学会運営委員　阿部貴子

執筆者紹介

三浦周（みうら　しゅう）
1976年、埼玉県生まれ。大正大学大学院仏教学研究科仏教学専攻博士後期課程単位取得満期退学。博士（仏教学）。専門は排耶論、近代仏教。現在、大正大学非常勤講師。

神達知純（かんだつ　ちじゅん）
1969年、東京都生まれ。大正大学大学院文学研究科仏教学専攻博士課程単位取得満期退学。博士（仏教学）。専門は中国天台教学。現在、大正大学仏教学部仏教学科准教授。

佐々木大樹（ささき　だいじゅ）
1977年、北海道生まれ。大正大学大学院仏教学研究科真言学専攻博士課程単位取得満期退学。博士（仏教学）。専門は密教学。現在、大正大学仏教学部仏教学科専任講師。

山本匠一郎（やまもと　しょういちろう）
1970年、東京都生まれ。大正大学大学院文学研究科真言学専攻博士課程単位取得満期退学。専門はインド密教。現在、智山伝法院教授。

藤原智（ふじわら　さとる）
1983年、大阪府生まれ。大谷大学大学院文学研究科真宗学専攻博士後期課程満期退学。博士（文学）。専門は真宗学。現在、大谷大学真宗総合研究所東京分室PD研究員。

武田悟一（たけだ　ごいち）
1978年、東京都生まれ。立正大学大学院文学研究科仏教学専攻博士後期課程単位取得満期退学。専門は日蓮宗教学史。現在、立正大学仏教学部特任講師。

中川仁喜（なかがわ　じんき）
1977年、栃木県生まれ。大正大学大学院文学研究科史学専攻博士課程単位取得満期退学。博士（文学）。専門は近世仏教史。現在、大正大学文学部歴史学科准教授。

柴田泰山（しばた　たいせん）
1971年、福岡県生まれ。大正大学大学院仏教学研究科浄土学専攻博士課程単位取得満期退学。博士（仏教学）。専門は中国浄土教。大正大学仏教学部仏教学科特任准教授を経て、現在、浄土宗総合研究所研究員。

下田正弘（しもだ　まさひろ）
1957年、福岡県生まれ。東京大学大学院博士課程単位取得退学。文学博士。専攻はインド仏教。現在、東京大学大学院人文社会系研究科教授。

藤田一照（ふじた　いっしょう）
1954年、愛媛県生まれ。東京大学大学院教育学研究科博士課程中退。その後得度し、各地で禅の指導を行う。前曹洞宗国際センター所長、オンライン禅コミュニティ磨塼寺住職。

廣澤隆之（ひろさわ　りゅうし）
1946年、東京都生まれ。専攻はインド仏教。前智山伝法院院長、大正大学名誉教授、川崎大師教学研究所教授、真言宗智山派淨福寺（八王子市）住職。著書は『『唯識三十頌』を読む』（大正大学出版会）など。

元山公寿（もとやま　こうじゅ）
1960年、埼玉県生まれ。現在、智山勧学会理事長、真言宗智山派真福寺住職。

日本仏教を問う　宗学のこれから

2018年9月20日　第1刷発行

編　　集　智山勧学会
監　　修　元山公寿
発 行 者　澤畑吉和
発 行 所　株式会社 春秋社
〒101-0021　東京都千代田区外神田2-18-6
電話　03-3255-9611（営業）
　　　03-3255-9614（編集）
振替　00180-6-24861
http://www.shunjusha.co.jp/
装 幀 者　河村　誠
印刷・製本　萩原印刷株式会社

ISBN978-4-393-13424-5　定価はカバー等に表示してあります